AF276921

LETONIA HASTA EN LA SOPA

MERCEDES CEBRIÁN

LETONIA HASTA EN LA SOPA

Una crónica
culinaria

*Colección
Hojas de col*

MERCEDES
CEBRIÁN

HC03

Letonia hasta en la sopa
de Mercedes Cebrián

Primera edición: febrero de 2024
Colección: Hojas de col, 3

© 2024, de los textos, Mercedes Cebrián
© 2024, de los dibujos, Mercedes Cebrián
© 2024, Col&Col Ediciones

Corrección ortotipográfica: Aurelia Duchemin
Dirección editorial: Lakshmi Aguirre
Diseño de la colección: Karakter Studio

ISBN: 978-84-19483-37-9
Depósito legal: MA 1559-2024
THEMA: W WB

Impreso en España

www.colandcol.com

Sobre la autora

La escritora Mercedes Cebrián (Madrid, 1971) ha publicado el libro de memorias sobre música y gastronomía *Cocido y violonchelo* (Literatura Random House 2022), así como tres poemarios, *Muchacha de Castilla*, *Malgastar* y *Mercado común* (La Bella Varsovia), y las novelas *El genuino sabor* y *La nueva taxidermia* (Literatura Random House), entre otros títulos.

Sus relatos, poemas y ensayos han aparecido en *Letras Libres*, *The Indian Quarterly*, *Poetry London*, *Gatopardo*, *Modern Poetry in Translation* y *Diario de Poesía*. Colabora asiduamente con la revista *Letras Libres*, con los suplementos *El Viajero* y *Babelia* de *El País* y *Cultura/s* de *La Vanguardia*. Tiene una columna mensual de gastronomía en el diario *The Objective*.

Ha sido escritora residente en la Academia de España en Roma (2006-2007), en el Civitella Ranieri Center de Italia y en el museo MALBA de Buenos Aires. Tiene un Máster en Estudios Hispánicos (Literatura y cine) por la Universidad de Pennsylvania (EE. UU.) Durante 2018 fue editora invitada del sello Caballo de Troya (Penguin Random House).

En un cruce de calles, me topé con un Lenin de granito en pleno saludo. Era el camarada Vladímir Ilich Lenin quien había cocinado el guisote amargo y repugnante que desde hacía más de medio siglo millones de personas se veían obligadas a tragarse. Yo misma había nacido en aquel guisote y en él tendría que morir.

NORA IKSTENA, *Leche materna*

Letonia, Estonia y Lituania: así las dice mucha gente, las tres seguidas, como si recitasen de carrerilla los nombres de los Reyes Magos o de las tres carabelas. ¡Así que te vas a Lituania el mes próximo! ¡Pásalo bien en Estonia! O incluso: ¿qué vas a hacer tanto tiempo en Laponia? Eso escucho a mi alrededor cuando digo que voy a pasar el mes de diciembre en una residencia para escritores de Letonia, la república báltica que justamente se les suele olvidar cuando solo mencionan una del trío.

Las residencias para escritores y traductores las debió de crear alguna divinidad: consisten en permitir que pases tiempo en un lugar lejos de tu casa –ese detalle es esencial– proporcionándote una habitación propia con baño también propio, algo que Virginia Woolf no mencionó, pero que es tan importante como lo primero. La residencia letona donde viviré tres semanas se llama Ventspils House y toma su nombre de la ciudad donde se encuentra, Ventspils, junto al mar Báltico. En algunas de estas residencias, las más lujosas, alguien les prepara la cena a los escritores. En esta nadie se encarga de nuestra alimentación, así que la cocina será uno de los espacios donde coincidiremos los residentes, como en un inmenso piso compartido. Sé que habrá dos traductores ucranianos: la institución los recibe con particular hospitalidad en este 2022 en el que sufren la invasión de Rusia.

Tengo una mañana entera para pasear por Riga antes de tomar mi autobús para Ventspils. Seis grados bajo cero son una excusa inmejorable para comer abundante, y a eso voy tras conocer el centro histórico de la ciudad, que presume de haber formado parte de la Liga Hanseática en el pasado y de integrar la lista de lugares patrimonio de la humanidad en el presente, gracias a sus edificios *art nouveau*. Diría que me apetece probar la comida eslava, pero estaría incurriendo en imprecisiones: Letonia es un país báltico, de religión luterana. Prefiere su influencia alemana a la mano larguísima y atenazante de Rusia, la vecina que nunca se sabe por dónde saldrá. A una parte de la actual Letonia, durante un tiempo, se la dividieron entre Polonia y Suecia, pero eso sucedió entre los siglos XVI y XVIII, y no queda nadie vivo que lo recuerde.

Llegar a Letonia es una lección de geopolítica: eslava no es, y eso se nota en su idioma, que no se parece a ningún otro de Europa salvo al de su vecina Lituania. Pero, al mismo tiempo, tira tanto de ella su pasado soviético que esta muchacha snob que viene de la península ibérica fantasea con festines de blinis, pelmeņi y vareniques, cuando, por lo visto, la alimentación del país se centra más bien en las patatas, la carne y los pescados ahumados. Lo que sí comparte con otros países limítrofes como Bielorrusia y la propia Rusia es el trigo sarraceno (*griķi*, se llama en letón), y no sé si mucho más.

Sea como sea, yo estoy preparada para cualquier tradición culinaria que incluya algo reconfortante con lo que combatir el frío, y me da la impresión de que aquí saben mucho al respecto.

El desayuno-buffet del hotel donde he pasado la noche me ha dado bastantes pistas acerca del panorama culinario letón, pues la comida es tan legible como un texto con buen cuerpo de letra, en Helvética o Times New Roman tamaño 16. Somos niños ante un buffet, ese parque de atracciones de la comida con el que, por milagro, la pandemia no logró acabar. Al verlo, perdemos el sentido de la mesura que con tanto esfuerzo nos inculcaron tanto en casa como en el colegio y nos lanzamos de cabeza sobre él.

No sé si me influyeron la iluminación dura del salón de desayunos, su decoración profusa y desnortada, sus muebles de melamina o los modales engullidores del huésped de la mesa de al lado, pero sorprendentemente, nada de lo que veía ante mí me seducía lo suficiente. Con la vista sí me lo llevaba al plato, pero mi mano izquierda no llegaba ni a hacer el gesto de agarrar el cucharón para servirse. Un guiso llevaba pepino con maíz, repollo y pimiento rojo; otro parecía cercano a una ensaladilla rusa. Destacaba por su tamaño la tortilla de zanahoria y brócoli inserta en un gran molde metálico, con ínfulas de quiche. Y había salchichas hervidas de las que yo llamo por defecto *de Frankfurt*, con su inconfundible vapor ahumado que sube hasta la nariz y abre todos los poros. Al lado estaban los huevos revueltos, y en otro de los recipientes metálicos reaparecían la zanahoria y el brócoli reunidos esta vez en un salteado con coliflor. También había champiñones en salsa de crema y a la entrada te invitaban a una copa de prosecco. El comedor abría a las siete y media de la mañana.

Mi paseo matinal por Riga me puso la nariz tan colorada como la del reno Rodolfo, uno de los que tira del trineo de Papá Noel. Como la mente y el cuerpo humanos son bastante previsibles, ante el frío, lo que quise hacer fue ponerme a cubierto y comerme una sopa, que funcionó como indicio de lo que serían mis días aquí. Tras dudar si entrar en un restaurante ruso, que estaba vacío, ya fuese por la guerra contra Ucrania o por la mala fama de sus platos, encontré un restaurante turístico de comida letona en la calle Kungu iela, aunque escribir *iela* después de *calle* sea redundante, pues ambas palabras significan lo mismo. El ambiente acogedor del local me invitaba a entrar. Si me hubieran dicho que era una fonda bretona o tirolesa, me lo habría creído, pues el interiorismo e iluminación cálidos eran los característicos de cualquier lugar europeo de clima desapacible. La ornamentación incluía pequeñas barricas de vino o licor, como si el restaurante fuese un gran perro san Bernardo destinado a reconfortarte con sus viandas y bebidas.

Pedí una crema de guisantes tan, pero tan típica que no venía servida en un plato hondo sino en una hogaza de pan de centeno parecida a un champiñón de tamaño descomunal, de los que harían ganar al agricultor que lo cultivase la medalla de oro en una feria rural. ¿Quién se cree que los letones comen habitualmente en esas vajillas de pan, malgastando una hogaza por cada sopa ingerida? Nadie, pero aun así la llegada de la hogaza-cuenco a la mesa es una sorpresa simpática, que poco después se torna aparatosa, como si te obligasen a comer con una chistera calada en la cabeza. La crema no era de color verde, sino amarillenta. Después aprendí que en Letonia hay guisantes de varios colores, incluso unos grises, enormes, que se comen por Navidad con panceta y se llaman *pelēkie zirņi*.

❧ ❧ ❧

Ya estoy en Ventspils, ciudad de treinta y cinco mil habitantes y siete grados bajo cero en el exterior, lo que se traduce en cuatro gatos por la calle y un trenecito navideño que da incesantes vueltas por el centro con seis pasajeros de media, entre niños y adultos, en cada trayecto. La arteria comercial de la ciudad la tengo bajo mi ventana: se llama Annas iela y es una minúscula calle Preciados (ese es mi principal referente de calle peatonal navideña, la de Madrid), con adornos festivos que cuelgan de lado a lado, diseñados por los estudiantes de una escuela de arte local. No puedo decir que sea una calle muy transitada, pero algo de movimiento tiene, gracias a su cajero automático, a su tienda de lanas y a otra de velas, mieles, jabones y demás productos que ayudan a sentirse bien en casa, espacio donde los habitantes de la ciudad pasan muchos ratos.

Mi ventana da también a la plaza de la iglesia, donde han instalado un árbol de Navidad de gran tamaño con cajas de cartón rojas a sus pies que simulan ser regalos. Desde aquí veo el Rātsgalds, un restaurante instalado en una casa enorme. Su nombre en letón quiere decir 'ayuntamiento'. La nieve cubre por completo las sillas y mesas de hierro de su terraza, que siguen ahí fuera con la esperanza de poder usarse pronto.

Por suerte, Europa del Norte se hizo con reservas de gas para este invierno en guerra y las casas de Ventspils están muy bien caldeadas. Infinitamente mejor que la mía de Madrid, diría. Para facilitar que se derrita la nieve, son frecuentes los tejados a dos aguas, algo que imitamos en la arquitectura del sur de Europa, más bien como ofrenda para ver si el Dios de la Nieve se anima a dejar caer algunos copos.

Lo primero que hago tras instalarme en mi habitación es ir al supermercado más cercano a comprar provisiones básicas. Es una de las sucursales más pequeñas de la cadena Rimi, muy implantada en Letonia. Por eso le añaden el calificativo *express*, que siempre ha sido sinónimo de *para unas prisas*. A pesar de ello, tiene más productos de los que esperaba. De hecho, podría vivir comiendo solamente los alimentos que venden en el Rimi Express y no se hundiría el mundo: mandarinas y aguacates de buena calidad y a un precio nada escandaloso, pues por algo estamos en el mercado común europeo. También hay pollo, huevos, queso emmental y salmón ahumado. Y un pan integral que inevitablemente asocio con Centroeuropa: bien oscuro, casi dulzón de sabor por la melaza o el extracto de malta que lleva, capaz de opacar sin piedad el sabor de un jamón de bellota si se lo propusiese. Vaya baile geográfico tengo en lo que respecta a la comida: por momentos creo que estoy en Europa Central, otros en Europa del Norte y, muy a menudo, en Europa del Este. La globalización y la deriva postsoviética del país no me lo ponen fácil. Mi paladar, que vive de clichés, sigue intentando situarse.

❧ ❧ ❧

Hoy por la tarde, al bajar a la cocina a hacerme mi cena tempranera conocí a Andriy, el traductor ucraniano de Ternópil. Al principio, cuando me dijo de dónde era, entendí «de Chernóbil» y no supe reaccionar. Enseguida descubrí en un mapa que existía esa otra ciudad sin riesgos radiactivos y me quedé más tranquila.

Andriy viene de la guerra, aunque su ciudad está tranquila, según me dice. Ahora bien, los cortes de luz no se los quita nadie. Es el segundo ucraniano que conozco en los dos días escasos que llevo en este país. El primero fue el conductor del

Uber que me llevó al centro de Riga desde el aeropuerto. Había pegado un cartel en el respaldo del asiento del copiloto que decía algo así como «discúlpame: no hablo letón porque soy de Ucrania». Lo sé gracias al traductor de Google Lens, que hace milagros si lo colocas justo delante del texto que necesitas traducir. Pronto nos lo implantarán directamente en el cristalino para no tener que ir por la vida con un teléfono mediando entre nuestros ojos y los carteles de la calle. Yo quizá sea una de las primeras en permitir que me coloquen la lente intraocular.

Me tiembla un poco la voz al decirle a Andriy que todos en Europa estamos preocupados por Ucrania y que los apoyamos en lo que haga falta. Me tiembla la voz entre otras cosas porque sé que estoy mintiendo: si me pidiera que alojase a sus padres en mi casa una temporada, mientras dure la guerra, probablemente me desharía en excusas para no hacerlo. Pero Andriy parece haber dejado atrás de momento sus preocupaciones y, ante todo, se le ve muy contento de estar aquí, donde tendrá tiempo para traducir al inglés sin sobresaltos los poemas de una compatriota suya, según nos cuenta. Incluso ha traído de su país unos bombones, que ha dejado en el comedor para los demás.

A la vez que cenaba, Andriy se estaba cocinando una sopa. Nos dijo que la necesitaba para entrar en calor tras su largo viaje en varios autobuses que lo llevaron primero a Varsovia, de ahí a Riga y, por último, a Ventspils. Es una sopa de pollo muy picante, con pimiento rojo y otras verduras. La ha aderezado con curri, porque eso reconstituye el cuerpo, dijo. Y le ha echado fideos cabellín, los mismos fideos finos que come todo el tiempo en recetas diversas. Concretamente se los estaba cenando con atún de lata y dos o tres huevos pochados. Me parece que él no tiene grabado a fuego en su mente que no hay que comer más de cuatro huevos por semana. No sé dónde ni cuándo aprendí esto, pero lo sigo como si fuese un mandamiento bíblico. España me lo inculcó en algún momento de mi desarrollo, y lo que España inculca no se desincrusta ni con estropajo de aluminio.

Caigo en el estereotipo de pensar que las recetas de Andriy son ucranianas, cuando en realidad son invenciones suyas. Le pregunté si el atún con los huevos y los fideos procedían de la tradición culinaria de su país y me respondió que son comistrajos de persona sin tiempo para cocinar. De hecho, los fideos finos, que se llaman *vermicelli* en italiano o *gusanitos*, también son ubicuos en la cocina tradicional turca, o al menos eso dice M. F. K. Fisher en su estupendo libro *El arte de comer*, donde habla de un pastel de fideos horneado por un abogado turco que la invitó a tomar el té y les explicó la receta a sus comensales: «Coced vermicelli de la mejor calidad hasta que estén bien blancos [...]. Cuando estén hechos, esparcidlos en una fuente de hornear grande y chata, y echad miel y aceite suave hasta el borde. Rociad todo con la cantidad de pistachos que queráis».

Aprendimos que los fideos, los pelmeņi y muchos otros alimentos similares a un cojincito mullido en miniatura hecho de pasta de trigo o arroz son originarios de China, y la idea de que le debíamos a Marco Polo y a su viaje a Asia la presencia de la pasta en Europa era la que primaba en nuestras cabezas. Y más todavía cuando, en 2005, unos arqueólogos descubrieron un bol de fideos de mijo de 4000 años de antigüedad junto al río Amarillo. Con ese dato, pocas dudas quedaban, hasta que llegó otro grupo de arqueólogos con sus hallazgos a tirarnos encima su jarrita de agua fría: resulta que la itriyya, una pasta dura en tiras, ya se comía en Sicilia en el siglo x, traída por los árabes. Lo importante aquí es que la logística de unos y de otros ha conseguido que llegue a nosotros todo ese potencial del trigo duro, relleno o a palo seco. Una larga guirnalda de pasta se despliega entonces desde China hasta Europa, con un tentáculo al sur del Mediterráneo que procede del norte de África. La comida viaja junto a los trotamundos como si fuese su propia mochila.

Cuando la sopa estuvo lista, Andriy me dijo *feel free*, pruébala. Yo preferí llevar a cabo la cata sin su presencia inquisitiva, por si acaso no me convencía y me tenía que terminar toda la ración con él mirándome, acostumbrada como estoy a no dejarme nada en el plato. Así que, cuando salió de la cocina, la probé. Poca, un cuenquito. Estaba suficientemente buena, no tan picante como esperaba (esta misma apreciación se podría aplicar a cualquier amante). Pensé que había que entenderla más bien como una sopa de Extremo Oriente, como un plato de Tailandia o Indonesia, pero sin la leche de coco que probablemente llevaría en esos países.

❧ ❧ ❧

Ayer, una de las mujeres del equipo que trabaja en la casa, la del pelo más corto, andaba cocinando algo para el almuerzo a eso de las once de la mañana. Le pregunté su nombre, pero no logré retenerlo cuando me lo dijo. Algo así como *Náseka*. Pronto habrá una tecnología que escriba en el aire lo que pronunciemos y lo convierta en subtítulos. Eso nos facilitará las cosas, porque muchos dependemos de lo visual para entender las palabras extranjeras. La rebautizo entonces como Nausícaa, que es un nombre griego clásico. Ella es quien hace las labores de gobernanta, pues controla el armarito de las toallas y las sábanas y sabe dónde están las bolsas grandes de basura, aunque también pasa ratos frente al ordenador. Lo que cocinó fue griķi –es decir, alforfón o trigo sarraceno– con verduras congeladas. El trigo sarraceno, que no es trigo, sino lo que llaman un pseudocereal, lo llevaba ya hecho de casa en unos tápers. La operación que ejecutó en la cocina fue la de juntar el alforfón en la cacerola con unas verduras congeladas propias de una menestra intercontinental: judías verdes, maíz, pimiento rojo, guisantes y zanahoria en cubitos. ¿Las rehogó o simplemente las puso ahí a calentar? ¿Usó alguna grasa animal atávica como manteca de cerdo, o a lo mejor la de otro animal de por aquí? Me empeño en que esto sea más nórdico aún de lo que es. Llego a imaginar que incluso comen yak y beben su leche, pero eso ocurre en Mongolia, no en el espacio Schengen. Este país, que entró en la Unión Europea ya en este siglo y paga en euros desde 2014, me sigue resultando indescifrable.

Yo también compré trigo sarraceno en mi primera visita al Rimi Express.

La zona de cereales y granos, de una variedad apabullante, estaba salpicada de productos en cirílico. Hay alfabetos que meten miedo y el cirílico es uno de ellos, si no lo conoces. Está tan asociado a lo bélico que piensas que, en lugar de la inocua descripción de un producto alimenticio, lo escrito en el envase es una incitación a tomar las armas. Buscando trigo sarraceno, di con el envase de un cereal llamado *prosa*: me pareció que debería ser la comida oficial de la casa de escritores de Ventspils, pero resultó ser, según el traductor, mijo.

No tendría por qué haber comprado alforfón: otros residentes también adquirieron en su momento esa base alimenticia de la cocina de por aquí (ya no sé si decir letona, báltica o nórdica) y dejaron lo que les sobró dentro del armarito que hay bajo el microondas. Allí conviven restos de alforfón, espaguetis y arroz integral con copos de avena y otros cereales o derivados de la harina. Algunos envases, muy gastronacionalistas, dicen «trigo sarraceno letón», «avena letona». Al menos el orgullo patrio viene de lo alimenticio, que es algo que dignifica a cualquier nación. Es el legado de los antiguos residentes, que podría servir como base para un estudio de consumo entre gente de letras: por aquí han pasado ya unas trescientas personas, entre escritores y traductores.

Nausícaa dejó allí sus verduras con alforfón para que las probasen sus compañeras de trabajo o cualquiera que bajase a la cocina, o al menos eso se sobreentiende cada vez que vemos una cacerola cubierta reposando sobre un fogón. Compartir un guiso expone mucho a quien lo cocina: nos habla de su identidad culinaria –omnívora, vegana, celiaca– y a la vez nos remite a una tradición. Quién sabe si estamos probando lo que Nausícaa aprendió de una abuela lituana o estonia. Todo guiso contiene material biográfico, aunque este en concreto no lo haya leído casi nadie, pues aquí sigue un día más tarde, silencioso, esperando que alguien se anime a darle un tiento.

Hoy Nausícaa ha vuelto a cocinar algo, pero a las tres de la tarde, fuera de la hora del almuerzo de aquí. Mientras yo comía en el comedor, al calor de la chimenea de cerámica que solo consiguen encender Andra, la directora de la casa, y Gunars, un escritor letón que ha estado aquí varias veces, oí ruido de cacerolas y sartenes en la cocina (el otro día aprendí que en italiano se dice *padelle* e *pentole*: me lo enseñó Valeria, la escritora que llegó a la casa desde Génova un día antes que yo). Intuí que serían o Nausícaa o la ucraniana Zlata, que hoy por fin se presentó públicamente tras varios días enclaustrada en su cuarto. Acerté: eran ambas.

Zlata es seria, o más aún, solemne. Cuando tengo ante mí a alguien de Ucrania, siento el apremio de abrumarle a preguntas sobre cualquier detalle: si hay cortes de luz en su ciudad, si hay comida en los supermercados, si su familia está bien y si continúan trabajando con cierta normalidad, pero me suelo cohibir, y más todavía ante esta mujer, que tiene un gesto crónico de amargura e intuyo que podría pegarme un buen corte o limitarse a mirarme fijamente como diciéndome «tú no puedes entender lo que estamos viviendo». Acabé preguntándole cómo estaban su familia y sus amigos, y me dijo que bien, gracias.

Se fueron Zlata y Nausícaa y quedó ahí una cacerola con algo dentro que hervía y generaba un caldo parduzco. Se le notaban las ínfulas de ser caldo verde portugués, pero ni por asomo lo era. Así que, como una detective de altísimo nivel, fui a la basura a ver si habían tirado algún envase y, en efecto, ahí estaba el cuerpo del delito. En realidad, había dos cuerpos de dos delitos: un paquete de pelmeņi y otro de varéniques, justamente las comidas que yo fantaseo con probar aquí, aunque, como me ha dicho un par de veces Ieva, la coordinadora de la residencia, no son exactamente de esta zona, que aquí son más de comer patatas.

Los pelmeņi son unas almohaditas de pasta de harina rellenas de carne picada de diversos animales. Leo en fuentes tan obvias como la Wikipedia que su nombre viene de la palabra *pelnyan*, que en la lengua local de la república de Udmurtia, en la actual Rusia, significaba 'oreja de pan'. Los historiadores de la gastronomía fechan su origen en el siglo XVI. Por su parte, los varéniques son también almohadones cuadrados o en forma de medialuna. Van rellenos habitualmente de puré de patatas y cebolla, pero pueden llevar requesón, chucrut o incluso algo dulce en su interior. *Varenik* significa 'cocido' en ucraniano. Ambos, pelmeņi y varéniques son primos hermanos de los dumplings, las gyozas, los tortellini y los kréplach de la cocina asquenazí. Todos ellos integran la gran familia internacional de la pasta rellena.

En el envase de los pelmeņi que hay en el cubo de basura pone *pilsētas pelmeņi*, que el traductor automático me lo convierte en 'pelmeņi de ciudad'. Quizá se refiera a pelmeņi caseros, aunque no rurales. Pelmeņi urbanitas, entonces. Algo me dice que los pelmeņi y los varéniques forman parte de la vida culinaria de Letonia bastante más de lo que me quieren hacer ver sus habitantes.

Sin ir más lejos, hoy he comido en un lugar llamado Pankūkas un Pelmeņi. Es decir, 'tortitas y pelmeņi', algo que, así de primeras, me sonaba prometedor. El Pankūkas era como la cantina de una fábrica, con su pasabandejas de autoservicio donde tienes ante ti los guisos y pides que te pongan esto o lo de más allá. El problema es que no entendía *visualmente* la comida y, como lo caliente estaba tapado, no me era posible señalar si quería tal o cual cosa. El gran letrero con el menú estaba al principio de la fila de las bandejas, y pararme ahí a decidir con el Google Lens abierto habría generado una larga cola en la hora punta, es decir, a la una de la tarde.

La sección fría sí estaba a la vista y era de libre acceso, pero tenía un aspecto tristísimo a pesar de sus vivos colores, o quizá precisamente por eso. Había algún entrante púrpura, que, intuyo, contenía remolacha, y una bandejita con tres pedacitos de arenque y mucha mayonesa o una salsa de aspecto similar, a lo mejor a base de kéfir, otro alimento

esencial en la dieta de los letones, que se sirve también como bebida a menos de un euro. Junto a los entrantes fríos había un despliegue fastuoso de postres de colores no hallables en la naturaleza, servidos en copa de helado y con nata por encima. Parecían los postres de una fiesta de los quince años en Latinoamérica. O más bien parecían los vestidos de las niñas que celebran su fiesta de quinceañeras, llenos de perifollos y volantes.

Llegué con mi bandeja hasta la joven que servía lo caliente con la esperanza de que hablara inglés, al ser de las nuevas generaciones nacidas tras el fin de la URSS. No hubo suerte, así que pronuncié *pelmeņi* con todo el convencimiento posible, y ella levantó una tapa metálica para enseñármelos. No estaban hervidos, como yo los quería, sino fritos. Me dijo Ieva que probablemente también los tendrían hervidos, pero yo no supe indicar que los quería así. Mi inmersión en la Europa de clima frío me hace desear alimentos farináceos cocinados simplemente con agua. Seguro que alguien ya ha estudiado el inimitable efecto edredón que esa textura blanda y resbaladiza produce en el paladar. La próxima vez (¿habrá próxima vez?) tengo que llevar esa palabra aprendida para decírsela a la joven del Pankūkas: vārīti pelmeņi, con signos diacríticos y cedillas de diversa índole sobre y bajo las letras, vocales y consonantes.

A falta de otro vocabulario, yo voy diciendo *paldies* a diestro y siniestro. Significa 'gracias' y es fácil de pronunciar.

Finalmente me decanté por una hamburguesa de pollo rebozada y la acompañé con trigo sarraceno, señalando un gran póster con una foto de un plato de griķi que adornaba el restaurante. Y me pedí también un cuenquito de una sopa cualquiera de las dos que había tras la empleada. La que me dio, porque la dejé escoger a ella, llevaba una base de tomate y unas salchichas ahumadas en tiritas, parientes de las del desayuno del hotel. La coronó con una cucharadita de crema agria, que, justo ahora lo recuerdo, en ruso se dice *smetana*, como el apellido del compositor checo. Apellidarse crema o nata no parece mal plan: Mercedes Crema de Leche, un noble apellido compuesto.

A pesar de que me lo acabé todo con cierto asco, la experiencia general fue satisfactoria. Había bastantes operarios con mono de trabajo y eso me gustó: había comido en un bar de menú del día en versión letona, algo que quería hacer desde el principio y que en teoría sonaba fabuloso, pero en la práctica me generaba eructitos con sabor a salchicha ahumada y a un aceite vegetal no reconocible.

Lo de idolatrar los sitios supuestamente auténticos es un mal endémico que padecemos todos. ¿Quién no quiere participar por un rato del epicentro de la vida cotidiana de una ciudad? En Ventspils es fácil: como no hay casi turistas en invierno, cualquier café o restaurante se convierte en uno de esos lugares idiosincráticos tan codiciados, pero este lo es más todavía, si es que la autenticidad admite gradación.

Rafael, un traductor y profesor español que conocí aquí el martes pasado, me ayuda a establecer comparaciones claras entre este país y España. Él es de Córdoba y lleva en este país trece años: su pareja es letona y su hija también. En su opinión, aquí la mayoría de la gente come básicamente para quitarse el frío y llenarse el estómago, y no pide mucho más. Ese *aquí* me hace pensar en esta ciudad pequeña, porque en Riga, como en toda capital, detecté mayor interés por la sofisticación en cualquier aspecto de la vida. O a lo mejor estoy llamando sofisticación al hecho de que existan sucursales de H&M y Zara.

Rafael ha traducido al castellano la novela autobiográfica más célebre de Nora Isktena, *Leche materna*. Ikstena es a su vez la autora letona más conocida fuera de su país. La biblioteca de la casa de escritores, en su afán de divulgar la literatura de Letonia, está bien surtida de obras de autores locales, así que tiene un ejemplar en castellano. Lo leo, buscando ante todo las comidas que aparecen en él, por si tuviera ocasión de probarlas. Las recetas de la literatura realista, por lo general, no son una invención pergeñada en la mente de los autores: está claro que alguien las cocinó y probó alguna vez.

Leche materna cuenta la misma historia que muchas novelas publicadas en los últimos años: el destino de tres generaciones de mujeres, aunque el libro de Isktena les saca una cabeza a todos ellos. Además, las historias de estas abuela, madre e hija (o nieta, según se mire), transcurren en épocas particularmente difíciles de Letonia: desde el fin de la Segunda Guerra Mundial hasta el desmembramiento de la Unión Soviética. Me gustaría pensar que estoy siendo testigo de la época más vivible de Letonia desde su independencia, pero para estar segura necesitaría preguntárselo a sus habitantes.

En la novela de Isktena, la nieta menciona el buberts, que es un puré de sémola con huevo batido y leche, servido con salsa de arándanos. Muchos de mis compatriotas les hacen ascos a las comidas gachosas, la polenta y los purés, pero a mí siempre me generan un bienestar infantil. Los veo como una regresión a una niñez previa a lo dental.

Unas páginas más tarde los personajes se ponen las botas: la nieta narradora recuerda un viaje en tren con sus abuelos, que la llevan de vacaciones al mar Negro. En el vagón-restaurante piden pollo Kiev, ternera Stroganoff y salchichas kupati de Georgia, que, según aclara Rafael en una nota al pie, llevan cerdo, cebolla y pimienta y que, a juzgar por las imágenes que he encontrado, tienen un aspecto sabrosísimo, nada de salchichas resecas del grosor de un dedo índice. Para beber, la narradora niña pidió tarkhuna, un refresco con sabor a estragón que yo deseé probar al leer la novela, hasta que vi su color verde intenso de colutorio dental en una foto de internet. Tras las vacaciones en el mar Negro, ya de vuelta a casa, la narradora va con su madre a recoger setas, que Iskena describe como «grandes boletos anaranjados de pie grueso y sombrero color óxido» o «lactarios plomizos de tonos verdosos y lactarios blancos bien grandes». También meten en la cesta boletos calabaza, boletos babosillos, níscalos, rebozuelos amarillos, rúsulas y champiñones silvestres. «El dios de las setas nos estaba tratando bien», dice la narradora en un párrafo.

Lamentablemente, en el mes de diciembre no hay ni rastro de esas delicias en Letonia: el dios de las setas no hizo el milagro de poner a mi disposición ni un puñadito.

Casi al final del libro, y siempre a través de la traducción de Rafael, la nieta narradora menciona con cariño el pollo asado, la col rellena y la tarta de sémola que cocinaba su madre. Leer la palabra *sémola* ya me hace querer meterme un saco entero de esas bolitas en el estómago, por algo los carbohidratos son siempre el símbolo de lo culinariamente acogedor.

❧ ❧ ❧

Esta mañana había una sartén con champiñones, boniato y pimiento rojo sobre la vitrocerámica. ¿Será obra del afamado poeta Aldis, que anda por aquí estos días? Lo dudo mucho: él es un hombre mayor, cuya obra figura en el plan de estudios de las escuelas del país, y ese guiso tiene más bien aspecto de haber sido ideado por alguien nacido a partir de 1970, por sus colores y su ausencia de grasa animal. Los que han venido al mundo en épocas relativamente prósperas no valoran tanto los dones proteicos de los animales como los que sí vivieron la Segunda Guerra Mundial y sus secuelas.

El guiso tenía un tono amarillento que hacía pensar peligrosamente en polvos de curri esparcidos sin control. No descarto que haya sido el desayuno de Zlata o de Andriy, a los que veo capaces de especiar demasiado su primera ingesta del día. Como en la mesa principal de la cocina hay una sección de especias viejas que han ido dejando los residentes, el peligro está en emplearlas como en un laboratorio alquímico: juntar estos polvitos con los otros, a ver qué pasa. Es difícil no caer en la tentación, cuando están ahí a tu alcance queriendo alegrarte los platos. No ocultaré que yo también las he usado para cocinar mis lentejas mil culturas. Las llamo así porque nunca quise decantarme por una receta específica perteneciente a la gastronomía de una región. Hace años compré un paquete de lentejas partidas color naranja, mucho más indias que castellanas en su origen, y eso me hizo dirigirme a la tradición culinaria hindú como impulsada por un magnetismo imposible de eludir. Para no casarme con nadie, acabé guisando unas lentejas estofadas con pollo que no pertenecían al recetario de ningún país y al mismo tiempo hacía pensar en varios a la vez. Aquí lo he reproducido con variaciones y al estilo viudo, sin presencia animal de ningún tipo. Del peso de mi equipaje, medio kilo se lo debo al paquete de lentejas que traje de Madrid temiendo escasez o precios inflados, aunque esto último ocurre más bien en Islandia o Finlandia, donde he oído hablar de cafés con leche a nueve euros. En lo que respecta a los precios, Letonia es mucho más amigable. Afortunadamente, este no es un país nórdico en ese sentido.

Me quedaron sabrosas las lentejas, aunque las cociné en un periquete y sé que, en todo guiso de cuchara, el éxito radica en que el proceso sea sosegado. En francés hay un verbo que me gusta porque condensa a la perfección este aspecto: es el verbo *mijoter*, que significa precisamente 'cocinar a fuego lento'.

Por fin he aprendido, a mis cincuenta años, que el calabacín se añade al final para que no se quede hecho un puré murrio. Las propias lentejas también las añadí a mitad del proceso: como son muy pequeñas y vienen partidas por la mitad, se ablandan en pocos minutos.

Las quería combinar con alforfón, aunque fuese una especie de pleonasmo alimenticio. Me puse a cocerlo con mucha agua, como si fuese pasta, y Andriy me indicó que me había pasado de líquido. No le cojo aún el punto a este pseudocereal en forma de pequeñas pirámides abombadas. La cantidad de veces que Andriy lo habrá cocinado y visto cocinar es directamente proporcional al número de veces que yo he visto verter chorritos de aceite de oliva sobre una ensalada. Las Europas y sus hábitos alimenticios confluyen amistosamente en esta cocina.

🌿 🌿 🌿

El capítulo sexto del libro *It's time for Latvian* que compré el primer día en Riga trata sobre la visita a un supermercado (*Pārtikas veikalā*). El séptimo se titula «En el mercado» (*Tirgū*), y el octavo, «Comer y beber» (*Ēšana un dzeršana*). Que haya tres capítulos dedicados a la obtención de comida nos deja claro que es crucial para cualquier humano lograr comunicarse para que no le den gato por liebre o gluten por alforfón.

Escucho los diálogos y la lista de palabras de esas tres lecciones y me parece estar oyendo una lengua inventada, un esperanto recién creado para un nuevo país. Las palabras suelen ser llanas o esdrújulas y muchas vocales tienen un deje saltarín como el que noto cuando alguien habla en sueco a mi alrededor (normalmente en películas, en su mayoría de Bergman). Las lenguas escandinavas –pero esta no es una lengua escandinava, se me ha dicho repetidas veces– tienen ese aire de familia.

La ele es muy sonora, como si arrastraran la lengua por todo el paladar en busca de restos de dulce de leche o de algo similar que lo mereciera. Parece una ele catalana. También hay rasgos de pronunciación que emparentan el letón con el portugués hablado en Portugal, así cerrado y con sonidos *sh sh sh* a cada rato. Pero lo que se dice aprender, ¿qué palabras he aprendido? *Ūdens* que quiere decir 'agua' y *tēja*, con una e muy larga, que significa 'té'. Y también *cik maksā?*, muy útil para preguntar cuánto cuesta algo, y *siers* y *vista*: 'queso' y 'pollo', respectivamente, dos de las bases de mi alimentación. Declinar todas esas palabras según la función sintáctica que tengan en la frase queda fuera de mi alcance.

❧ ❧ ❧

He aquí una paradoja: por un lado, los occidentales veneramos los alimentos que no han sido producidos a destajo en fábricas alienantes, sino en la quietud de unos hogares que imaginamos idílicos. Por otro lado, una de las responsabilidades de la Unión Europea es la de regular la higiene en la producción y comercialización de los alimentos de los Estados que la integran, de modo que llevar al mercado tarros de cristal con encurtidos caseros para venderlos es una práctica que hoy ha de ser vigilada con lupa. Para este trasiego de tarros y de comercio informal hay un término en ruso, *blat*, que designa todo lo relativo a los favores y los trueques, esa cultura activísima durante los años de la Unión Soviética debido a la escasez, aunque el término tiene connotaciones negativas. Rafael, en nuestras quedadas para tomar café, me cuenta que un sistema parecido, pero sin olor a corruptela sigue vigente en Letonia: como las pensiones y los sueldos de aquí son muy bajos –menos de mil euros al mes en puestos como maestro y bibliotecaria–, los vecinos intercambian productos y servicios entre ellos de forma continuada («yo te presto mi tractor y tú me das patatas y calabazas»). Probablemente eso suceda en el entorno rural de cualquier país, pero la chica de ciudad que escribe esto no tiene acceso de primera mano a saberlo.

Así que muchos de los puestos que veo este sábado en mi primera visita al mercado de Ventspils los regentan personas que venden los productos que ellos mismos elaboran y envasan. En un mismo puesto puedes encontrar tarros de vidrio con verduras fermentadas y, al lado, calcetines de lana gruesa, parecidos a las medias en las que Santa Claus deja los regalos. Esta convivencia de productos dispares ya la vi en Belgrado hace años, en lo que allí llaman la *pijaca*, palabra insólita al leerla a la española, pero que corresponde a la transcripción al serbio de *piazza*, es decir, 'plaza de mercado al aire libre'. Tanto en este mercado de Ventspils como en los de Belgrado, los pepinillos son el producto más frecuente, junto a la remolacha encurtida, algo que me hace pensar en otra guirnalda imaginaria, en esta ocasión de pepinillos y remolacha en conserva, que vincula Europa del Este de sur a norte.

Quiero hacer alguna foto para no olvidarme de todo lo que se vende en el mercado, pero aquí eso no les gusta nada y me hacen gestos indicándome que ni se me ocurra retratarlos. Imaginarán que quiero quedarme con sus caras, cuando en realidad me interesan sobre todo sus conservas. Ya que bastantes vendedores tienen más de cincuenta años, a lo mejor les ronda la cabeza un pasado de informantes y de señalamiento, así que sacar el móvil para inmortalizar sus pepinillos me hace quedar de lo más frívola y, a la vez, extrañamente integrada en las costumbres de este nuevo siglo en el que vivo.

El hombre que regentaba el puesto de patatas ofrecía tal variedad que me hacía sentir en Perú. A mí me parecían todas iguales, marroncillas, pero él presumía de varios tipos, cada una con su cartelito. Llevaban nombres de mujer, algo así como Lavuta y Cecenska. No, estoy escribiéndolos de memoria; ahora que he buscado a golpe de Google las variedades y sus nombres («Latvian potatoes, varieties»), me aparecen spodra, baiba, ausma, herters y barbara. No iba yo tan desencaminada.

Con el pescado ahumado sí me atrevo: un muchacho que habla inglés y que vende todo tipo de pescados secos me asesora. Veo algo como una caballa, de colores muy dibujables, con las escamas clásicamente plateadas y la carne color camello claro. Me dice que tiene dos versiones: ahumada con sal o con azúcar. La pido con sal, aunque tardo en decidirme. El mundo de hoy desdeña estas dos sustancias por las que el mundo de ayer luchó hasta perder la vida, pues eran ingredientes esenciales para la conservación de los alimentos, es decir, para subsistir. Los reducidos parámetros de persona del siglo XXI en los que me muevo me llevan a pensar que la sal sube la tensión y el azúcar engorda, y de ahí no salgo. Qué pena doy, o qué pena damos, más bien, por no apuntarme yo todo el mérito.

El botín que obtengo en el mercado es pequeño: una caballa ahumada entera, aunque descabezada, y unas manoplas blancas de lana gorda adquiridas a una anciana que me trae a la memoria recuerdos no vividos de una existencia durísima de escasez y sabañones. Tras rondar varias veces el puesto sin llegar a acercarme, me atreví finalmente a entablar conversación con la señora que vende bufandas, manoplas y gorros con pinta de haber sido tejidos por ella. Para la gestión de las prendas de abrigo confío en los lugareños: ellos sí saben cómo arroparse y algunos de ellos, como esta señora, incluso se atreven a tejer esas prendas que no dejan pasar las flechas invisibles de frío que atraviesan el aire en este diciembre báltico. Le pregunto si sus gorros (que son de esos abullonados con espacio para la cabellera, es decir, más bien para señoras, tradicionalmente con el pelo más largo que los hombres), son de lana. Digo la palabra *lana* en letón señalando al gorro y con esa subidita melódica en la segunda sílaba, característica de lo interrogativo: «vilna?» Ella no me entiende, pero su hijo, o quien sea su joven acompañante, sí, y se lo pronuncia bien: la uve ha de ser labiodental, la i no es tan larga como la que yo he dicho, es casi una e, y la ele suena portuguesa. Ahí la señora sí comprende la palabra y me hace ver que la prenda es *mākslīga*, que después Rafael me indicó que quería decir 'artificial'. O sea, sintética. El gorro estaba recauchutado: por dentro llevaba todo un andamiaje de papel de seda y unas láminas de poliestireno para resguardar la cabeza del frío. Lo de fuera era solamente para que no se viera el armazón. Preferí las manoplas, de lana y sin tanta arquitectura en su interior.

La fascinación que ejerce la Unión Soviética sobre aquellos que no hemos vivido en ella roza lo perverso. Ese inmenso experimento sociopolítico, o político cultural, o socioeconómico político –echo de menos las palabras-convoy del alemán, tan útiles para términos así– ha dado frutos visuales magníficos, materializados principalmente en esos carteles constructivistas con tipografías llamativas en cirílico que acostumbramos a ver en las exposiciones que visitan nuestras ciudades. Pero también nos atrae irresistiblemente su idiosincrasia diaria, que para tantos supuso un infierno diario: la *kommunalka*, el edificio de viviendas comunitarias donde una familia entera compartía una sola habitación; las tiendas estatales Beriozka o los desfiles en la Plaza Roja. Todo eso, en lugar de generarnos un rechazo patente, nos fascina y nos lleva a querer saber más al respecto, pero siempre desde el refugio amable de nuestro presente, que transcurre en otras latitudes más cálidas en todas sus acepciones. Por eso al ver en directo a alguien que, por su aspecto y sus circunstancias parecería recién llegado de ese mundo, se produce un efecto parecido al de toparse con una celebridad por la calle: «¡Es Fulanita, es ella, la misma de aquella serie exitosa!». Así miro a la señora letona que vende gorros hechos a mano, como a un personaje de otra época al que hubieran trasplantado al presente inofensivo de la Unión Europea.

Cada día, en torno a la una de la tarde, bajo a la cocina con la esperanza de encontrar la cacerola con lo que Nausícaa haya cocinado ese día para sus compañeras. Sus platos tienen la función de un reloj sin manecillas para mí: marcan puntualmente el paso del tiempo. Si continúa cocinando todos los días laborables, dentro de unos quince guisos suyos me marcharé de esta casa. Pero hoy, que he comido fuera, he bajado ya a eso de las cinco para prepararme mi cena tempranera y ahí he visto los restos del menú de mediodía: eran sardinas, humildes y modestas sardinas. Quedan cuatro, y parecen hechas a la plancha: no hay ni rastro de aceite en la sartén. Así que sardinas, cuando realmente no es época (según la tradición popular, han de comerse solo en meses sin erre y estamos en diciembre). Aun así, le añado una a mi engendro de cena, que hoy va a romper un tabú occidental: el de juntar pollo y huevo, el de combinar el retoño con el embrión que fue algún día. Me he visto obligada a hacerlo porque un huevo revuelto es un excelente abrigo que arropa las sobras de otros alimentos, en este caso pechuga de pollo y alforfón. Y decido rubricar el resultado con una sardina seca y fría de las que quedan en la cacerola.

Los antropólogos que quieran leer las implicaciones culturales de este plato van listos.

Al abrir la tapa para servirme la sardina, yo lo que veo ahí son unas vacaciones en un apartamento playero de la costa mediterránea, en julio o agosto (meses sin erre, meses de sardinas). ¿Qué hace aquí esa sardina, si es la misma que me comí tras una mañana de playa en 1983? ¿Por qué se me antoja que ciertos alimentos representan a un país? De tanto ver bandejas de sardinas resecas en miles de casas españolas, acabamos interiorizando esa especie de bodegón de Zurbarán en tres dimensiones. Acude a contradecirme la especialista en gastronomía Darra Goldstein, que, en su libro sobre la historia de la comida rusa, cuenta que el primer Pizza Hut que se abrió en Moscú incluía la pizza Moskva, con sardinas, caballa, atún, salmón y cebolla, muy del gusto de los habitantes de la ciudad. Por tanto, aquí va la tercera guirnalda imaginaria, ahora de sardinas, que cuelga por los cielos del mediterráneo y sube hasta Rusia, como una hilera de banderines de verbena.

❧ ❧ ❧

Tenemos nuevo residente: se llama Oleg y es bielorruso. Es muy alto y joven y lleva chanclas de piscina con calcetines. Vive en Minsk. Andriy está molesto porque no quiere a nadie en la casa que proceda de países que apoyan a Putin. Lo entiendo, pero al mismo tiempo no imagino que un bielorruso a favor de la invasión de Ucrania quiera venir a un sitio como Ventspils House, que se considera espacio seguro para los ucranianos, en un país que no se caracteriza por su simpatía hacia Putin, descontando el porcentaje de población rusa que vive actualmente en Letonia. Parece que Andriy hace piruetas lingüísticas con tal de no hablar ruso, que es el idioma común de todos los que vivieron en la órbita soviética. Le incomoda que Zlata, su compatriota, elija el ruso para hablar con el personal de la casa, señoras letonas que lo tienen como segunda lengua porque lo aprendieron en el colegio, ya que durante su infancia la Unión Soviética aún existía. El ruso es tabú para Andriy: que se apañe Zlata, en su mal inglés, pero que ante todo no pronuncie ninguna palabra en la lengua del invasor. Eso es lo que él desearía. Las lenguas tienen mucha facilidad para convertirse en armas simbólicas. *Espadas como labios*, dice el título de un poemario de Vicente Aleixandre que aquí vendría al pelo.

A lo mejor Oleg y Andriy podrían comunicarse sin dificultad en bielorruso y ucraniano respectivamente: me da la impresión de que son lenguas tan cercanas como el castellano y el catalán, pero no puedo comprobarlo, y tampoco me animo a preguntárselo a ninguno de los dos. Es probable que Andriy esperara por parte de Oleg una muestra expresiva de apoyo que nunca llegó, de ahí su ofensa.

La sopa de pollo de Andriy permaneció toda una noche sobre la vitrocerámica, pero no por ello se estropeó: la baja temperatura de la cocina la mantuvo intacta.  Su color mostaza, con el cucharón de plástico sumergido hasta el fondo, no animaba a terminársela, pero él siguió recalentándola y comiéndosela en varias tomas. También quedó lo que cocinó Gunars, que siempre comparte su comida. Hace un perolo entero de algo con fideos de un calibre importante, y al guiso le añade pimiento rojo (*welcome back!*), carne quizá picada y, cómo no, un chorretón de crema para enriquecer la receta en todos los sentidos, o al menos en el calórico. Deja junto a la cacerola un cartel que dice, en letón y en inglés: «Queridos residentes, este guiso es para todos, pero, ojo, que lleva carne». Como si la carne fuese el único problema del guiso de Gunars. No sé si alguien lo probó, quizá su compatriota Laima, que se acaba de marchar de la casa, y a la que solo vi comer en una ocasión: pan con algo untable por encima, una solución para no perder tiempo. Parece que ser escritora en serio implica comer rápido y mal, simplemente llenarse el buche y seguir trabajando. A mí, en cambio, me resulta envidiable que la gente se olvide de comer. O no les funciona el reloj estomacal, o directamente no lo tienen. Una vida que no se calcula en función de lo ingerido, no sé qué vida es.

❧ ❧ ❧

Hoy he coincidido con Oleg en el desayuno y he comprobado que tardaba mucho en sentarse en el comedor donde yo apuraba mi tostada y mi vaso de kéfir. Sus preparativos eran largos y, a juzgar por el resultado final, no habría de extrañarme: se ha cocinado un plato combinado de frijoles, espirales de pasta, salchichas ahumadas y esa salsa de pimientos que comen tanto por aquí, que me recuerda al ajvar serbio, una pasta de berenjena y pimientos asados que acompaña muchos platos en la antigua Yugoslavia.

En el comedor, ante los mapas de Letonia y de Ventspils pegados con chinchetas a un corcho, me he puesto a hablar con él un rato en inglés. La conversación consistía en preguntas básicas que yo formulaba todo el tiempo por temor a que se produjese un silencio incómodo. El cometido de los europeos del sur es sacar conversación distendida y yo lo ejerzo dócilmente. Oleg tiene pinta de buen chico apocado. Me contó que es diseñador gráfico, editor y escritor, ahora mismo con un proyecto de relatos entre manos. En su momento quiso ser periodista, pero sabe que en su país es una profesión demasiado arriesgada. A Valeria le contó que Minsk, donde vive, es una ciudad muy fea («dice che Minsk è bruttissima»). Yo no lo he visto con ganas de contestar a más preguntas mías; son las ocho y media de la mañana.

El desayuno es la comida más nacionalista: al ver a extranjeros desayunar recetas de su país enseguida los miramos frunciendo el ceño. No faltan la sospecha y el desdén ante la elección de los alimentos que inauguran el día ajeno. No se entiende el de los griegos y turcos, que se pasan de mediterráneos con sus aceitunas, su pepino y su pimiento rojo crudo, una forma de comenzar la mañana irritando el estómago sin contemplaciones. Tienen un pase los británicos con su panceta, sus huevos y sus alubias en salsa dulzona, reconfortantes a la par que grasientos, pero cuando Oleg saca sus espirales de pasta por la mañana, ahí mi cerebro cortocircuita. Imagino que las antípodas culturales en cuanto al desayuno se encuentran en Japón o Corea, donde nunca estuve, si bien comprobé en un hotel occidental que la sección asiática de desayunos incluía sopa de pescado. Lo recuerdo con horror.

En cambio, en Bogotá siempre había sopa de pollo en el hotel donde nos alojaron para la Feria del Libro y yo, a pesar de mis prejuicios relacionados con los desayunos extranjeros, le pegaba un tiento cuando no me miraba nadie. Tener que justificar ante un extraño por qué tu mañana no se inicia con un par de magdalenas no se lo deseo a nadie.

❧ ❧ ❧

Me he venido a trabajar al Maisons, el café que acaba de abrir en Ventspils, junto al mercado y la tienda de artesanía. Está muy cerca del puerto, aunque las aguas que tengo delante no son aún las del mar Báltico sino las del río Venta. El Maisons tiene bastante trajín diario: llevo tres días viniendo y siempre hay gente que entra y sale. Quizá solamente se hayan acercado a curiosear y no vuelvan nunca más: Ieva me dijo que ella tenía ganas de conocerlo y se pasaría en cualquier momento. Es la gran novedad del centro de la ciudad en estos días. Según Rafael, los letones no son muy de salir a tomar algo. Él mismo, después de trabajar en la universidad los martes, que es cuando queda conmigo en un hueco libre que tiene, recoge a su mujer y a su hija y, todos juntos, vuelven a su casa campestre. El recién instaurado vocablo *afterwork* aquí no se practica. Tan distinto es esto de España, donde tomar algo es sin duda el deporte nacional, en el que ganaríamos medallas olímpicas sin esfuerzo. Lo que más nos gusta de ir a tomar algo es que nos lo sirvan. Los propios camareros, en sus ratos libres, van a otros bares a ser servidos ellos también. Es un derecho humano que alguien alguna vez nos traiga a la mesa la comida y la bebida.

Antes de sentarme cuelgo el abrigo y la bufanda de lana gruesa en uno de los percheros de pared del Maisons. Ninguno de los cafés y restaurantes que he visitado hasta ahora escatiman en percheros donde soltar cualquier apero protector contra las bajas temperaturas. En España te apañas con dejarlo sobre el respaldo, como si viviéramos una primavera eterna y no hubiera que prever estos asuntos.

Siempre pido café con leche de almendras. La sirven en un vaso alto de cerámica muy báltica. Mi idea reciente de lo báltico son colores entre terrosos y fríos: verdes pálidos, azules tristes y unos toques de marrón. Qué bienestar me depara este nuevo mundo estético que acabo de descubrir, y al que le añado un cóctel de imaginación fabricada con esmero desde mi ignorancia. Por lo que he aprendido en estas casi dos semanas a base de lecturas, intuiciones y conversaciones con Rafael, lo más báltico que hay por estos lares sería Estonia, muy cercana geográfica y culturalmente a Finlandia, que nos lleva a pensar en saunas, madera clara, confort y buen diseño. Pero estoy en su hermana del sur, Letonia, aunque al levantarme cada mañana tenga que hacerme a la idea.

Hoy, como antojo y por el inmenso frío que he pasado dando vueltas por el mercado a siete grados bajo cero, he añadido a mi comanda un chocolate caliente. Es decir, una bebida prima del Nesquik, no un chocolate a la taza con harina a la española. El frío y el hambre son un matrimonio inseparable.

Lo coronaban unos diminutos *marshmallows* de colores pastel, que enseguida he apartado con la cucharilla para quitármelos de la vista. Una come guarrerías, pero prefiere no verlas.

(Inciso: entran dos niñas y su madre *sin guantes*. Y tan felices).

No recordaba que los *marshmallows* se derretían con el calor, así que los últimos que me quedaban se fundieron en el Nesquik antes de que lograra rescatarlos. Cuando ya no hubo asomo de malvavisco ante mí, ahí empecé a dar sorbos al cacao.

❧ ❧ ❧

Ya puedo tachar de mi lista de sopas por probar las dos de la carta de invierno del café de enfrente, el Rātsgalds. Iría de sopa en sopa por todos los restaurantes de Letonia, catando las variantes de una misma receta, como en un juego de la oca personalizado en el que solo pudiera ganar. La primera que me comí la semana pasada era de tomate y cordero, con trocitos de zanahoria y chirivía. Al lado me pusieron la rebanada de pan de centeno que aquí acompaña cualquier sopa, con queso fresco untado y un aluvión de eneldo y cebollino.

Nada de rociar la tostadita con unos ramilletes verdes, no: parecían los restos de la poda de un jardín sobre el pan. Hoy, con la segunda sopa, me han servido ese mismo pan con hierbas y ya me han convertido adicta a ese verdor extremo. Es una experiencia sinestésica: es verde, huele verde y sabe verde. Eso hace que quiera replicarlo nada más volver a España. Voy a tener siempre en la nevera cebollino y eneldo, como si fuesen hierbas medicinales de las que hubiera que echar mano ante cualquier contratiempo. Es más, quiero ya volver a casa para comprar el botiquín herbáceo, el pan y el queso fresco y comer solamente eso recordando este mes letón. Gran paradoja, porque la gracia verdadera radica en estar aquí saboreándolo, no en recordarlo nostálgicamente cuando ya se ha perdido.

Como estamos en la temporada de las bebidas calientes con tropezones dentro, he probado la de zumo de naranja con infusión de espino amarillo, una de las plantas más populares de aquí, con propiedades antiinflamatorias, analgésicas y antibacterianas, las mismas que se atribuyen a cualquier hierba o fruto últimamente.

Esto de que me refiera con tanta naturalidad al espino amarillo se debe a que el otro día me dieron la carta en inglés y aprendí el término: *sea buckthorn*. A partir de ahí llegué a su nombre en latín (*Hippophae rhamnoides*; gracias, Linneo), lo que me llevó a su apelativo en español, que también puede ser 'escambrón' o incluso 'quitasombreros'. Me pregunto cuántas personas en España reconocen hoy el quitasombreros.

Como hoy tengo la carta solamente en letón, creo adivinar que la bebida de espino amarillo era la tercera de las calientes sin alcohol, pero Google Lens está algo desquiciado y me ofrece como traducción 'la deliciosa bebida sándwich'. ¿Qué hace ahí en medio la palabra *sándwich*? Quizá sea una broma de los programadores del software, que estaban entonados ese día. ¿Son personas los que teclean los significados o lo hace una inteligencia artificial, eso a lo que antes llamábamos *máquina*?

Ayer en la cocina, en las zonas donde la comida parece brotar de la nada (¿de quién es? Y, si es de alguien, ¿por qué la deja ahí y no la guarda en su armarito?), había unas tostaditas finlandesas ultrafinas, como salvaslips de pan de centeno. Se llamaban Finn Crisps y las he visto mil veces en muchos sitios, pero nunca las había valorado tanto como ahora, porque me parecen de lo más coherente con el lugar donde estoy, a pocas horas de Finlandia. Me comí un par de ellas con queso de cabra de rulo y un arbolito de eneldo y me parecieron el himno oficial gástrico de estas regiones del norte. Un terapeuta de la contemporaneidad me haría ver que padezco de un intenso adanismo, como si hubiese descubierto hoy las Finn Crisps y quisiera evangelizar al mundo con la buena nueva. Otro alimento más para comprar cuando vuelva a casa, para evocar mi experiencia letona. La gestión del duelo culinario implica todas estas operaciones.

Se está acabando la miel en casa. En la cocina hay un bote bien grande de plástico que parece haber sido comprado a algún apicultor en el mercado, y hay otro de vidrio, más pequeño, con una etiqueta que pone *medus*, su nombre en letón. La abundancia milagrosa que había los primeros días ha bajado bastante, en parte debido a mis infusiones de jengibre con limón y miel. Tener miel a mano provoca ganas de añadir varias cucharadas a cualquier bebida caliente, y más si ha cristalizado, pues da una sensación de pureza aún mayor.

La miel es de los pocos alimentos que no pueden fabricarse artificialmente, por eso los países y comarcas mieleros sienten un orgullo particular ante este alimento, generado por sus propios insectos y flores, como si le dijeran al mundo: «Nuestras flores tienen más polen que las vuestras y nuestras abejas trabajan sin descanso para elaborar este preciado néctar».

Ese alguien que compre miel podría ser yo misma, así que, como es sábado, vuelvo al mercado para hacerme con un tarrito, y por ver si algo de comida me tienta. Podría llevarme algo del puesto de carne y fiambres que siempre tiene cola, pero el flechazo con lo cárnico no se da, entre otras cosas porque implicaría ir señalando con el dedo cada trozo para hacer preguntas sobre sus características. Ahí están esos chorizos y salamis que huelen a ahumado con mirarlos y también unas chuletas de Sajonia rosaditas pero pálidas. El ahumado, que en berenjenas y pescado me parece imbatible, en la carne me resulta demasiado intenso, como una tele puesta a todo volumen dentro de tu paladar.

❦ ❦ ❦

¡Qué bien se está en el restaurante Skroderkrogs! Es la segunda vez que vengo y, por consiguiente, la segunda vez que me como una sopa y me bebo otra de esas bebidas calientes y dulzonas. Repasando la lista total, en el tiempo que llevo en este país, he ingerido cinco sopas distintas (incluyendo la que me sirvieron dentro de una hogaza de pan en Riga) y cuatro bebidas-ponche, de las que parecen sangrías de invierno, entre los dos restaurantes que las sirven, que son mis proveedores habituales. Lo considero una plusmarca.

El Skroderkrogs te da lo que le pides, también estéticamente. Está en el interior de una casa de listones blancos de madera con tejado rojo. Intuyo que antiguamente fue una sastrería, de ahí las estructuras de hierro para máquinas de coser que hoy sirven como mesas y los patrones de ropa dibujados en papel manila que decoran el local. La primera vez que vine, al acercarme a la entrada vi salir a tres señoras ataviadas con trajes regionales en los que primaba el color rojo: parecía que las habían puesto ahí para mí, porque no había asomo de turistas ni de celebración popular. Era tan extravagante verlas por allí vistiendo con tanta naturalidad esa indumentaria aparatosa que me vino a la cabeza lo que escribió Ortega y Gasset sobre los lagarteranos: «Al decidir la repristinación de los viejos atavíos este pueblo ejercita de la manera más curiosa su modernismo». Estas tres señoras letonas podrían también ser las alcaldesas de Zamarramala o unas mujeres vestidas con el atuendo típico de La Orotava, con su falda larga y hueca de lana estampada a rayas de colores. Cada vez estoy más convencida de que una organización filial de la UNESCO crea los trajes regionales del mundo entero, tomando los mismos elementos y haciendo variaciones sobre ellos. Todos tienen un aire de familia bastante sospechoso, por más que se encuentren en distintas latitudes.

Aunque aquí el Skroderkrogs se considera un café, que es de menor categoría que un restaurante, su carta es amplia y, ante todo, viene cargada de platos de cuchara. La gran tentación que hay que sortear al venir es la de pedirse más de un plato. Muchos del menú cuestan cuatro o cinco euros, lo que me lleva a pensar que, por ese precio, la cantidad será ínfima, y no es así. Hoy, después de mi sopa, ha venido a mí (porque yo lo he pedido) un guiso de lentejas con remolacha y queso de cabra que tapiaba el estómago, y el otro día, pollo relleno y verduras a la plancha.

Como vine al café nada más entregar dos encargos periodísticos pendientes, consideré que merecía con creces una sopa, en la línea de la publicidad de créditos bancarios y de productos de consumo de alto precio: «Porque tú te lo mereces», solamente por existir ya han de premiarte con algo. Mi sopa de hoy equivale entonces a los pescaditos que les dan a los delfines que saltan por un aro en los espectáculos acuáticos.

Lo aposté todo a la de frikadeles, que son albondiguillas, y a una bebida de grosella negra con miel y canela. Si me hubiese parado ahí, como quien juega en el casino y sabe retirarse a tiempo, todo habría ido bien, pero me trajeron pan (que no pedí) y me lo comí. Era un dúo de pan blanco y pan muy oscuro de centeno que sabía casi a sirope o a vinagre balsámico, con sus semillitas de alcaravea que lo perfuman de ese modo tan característico. Todo eso con un poco de queso blanco y eneldo, cómo no.

Mientras esperaba el guisito de lentejas, consciente de que al comérmelo sin hambre rozaría el pecado capital de la gula, me sobrevino un golpe de ansiedad mezclada con culpa que focalicé en los de la mesa cercana, la pareja con niño y niña. El padre estaba en medio de una conversación larguísima por teléfono y a la madre, por tanto, le tocaba entretener a los hijos, que se aburrían de estar allí dentro. La niña daba mucha lata y andaba haciendo ruido con los pies. Los niños del norte también se portan mal, qué me he creído. Llegó mi guiso, del que di buena cuenta porque mi religión aconfesional no me permite dejar nada en el plato, y aquí estoy ahora en la biblioteca pública, escribiendo esto.

La poca comida que he visto últimamente en la cocina ha sido el desayuno de Oleg, esta vez un plato combinado que habría integrado el menú de una boda de 1980 con el nombre de *entremeses variados*: aceitunas verdes de sobre, de las que rondan el tamaño alcaparra, varias rodajas de salchichón, dos huevos fritos, ensalada de col y las sempiternas espirales de pasta que andan por la cocina, ya hervidas y sin que nadie se las coma salvo él.

A pesar de no haberla visto ni olido, en mi mente se encuentra la sopa de col agria con carne de cerdo fresca y ahumada y unas alubias pintas descomunales que cocinó la nueva residente letona, Dana. De esa sopa de ensueño solo quedan hoy un puñado de alubias oscuras dentro del frigorífico, en el estante de su propia artífice; por su tamaño y color, parecen mejillones. Probarla habría sido una oportunidad de rozar la cima de lo auténtico: una receta local hecha por una mujer con DNI letón, pero yo estaba en mi cuarto trabajando a esa hora, y como aquí se respeta enormemente la intimidad ajena, nadie me tocó la puerta para avisarme.

A Valeria, que andaba en el comedor, la invitaron, pero como es vegetariana, rechazó su ración. Ella fue quien intentó explicarme el contenido de la sopa: tenía no sé qué animal dentro, según ella parecía pescado, pero no estaba segura. Era cerdo. ¡No sabe distinguir las raspas del pescado de los huesos de cerdo! Inaudito, sobre todo porque no ha nacido en un kibutz o secta vegetariana, sino en la Génova contemporánea, y dejó de comer animales hace no tanto. Valeria tampoco prueba el gluten, algo difícil de esquivar para alguien de su país («das más pena que una italiana celiaca», podría ser una frase de Chiquito de la Calzada). Lo que sí come es pasta hecha con harina de lentejas: la probé el otro día y me pareció que entraba dentro de esa categoría de alimentos pertenecientes a un futuro en el que la comida se identifique únicamente por los nutrientes que aporte –proteínas, hidratos, vitaminas–, sin importar su sabor ni otras características.

Valeria improvisa *sughi* ('salsas') de dieta para la pasta un poco *sui generis*, en ocasiones arriesgadas y otras bastante aburridas. Un ejemplo de riesgo fue la de coles de Bruselas al curri; el premio a lo tedioso se lo llevaría la de tomate con orégano seco y sin queso rallado, porque tampoco quiere o puede comerlo. En cambio, la veo comprar tetrabriks de cremas precocinadas de verduras a los que no hace ascos.

❧ ❧ ❧

Dana me ha dicho que mañana Andrea cocinará sopa de alubias blancas. Me lo ha dicho en un español decente, fruto de la temporada que pasó en México y de su experiencia en el Camino de Santiago, sobre el que escribió un libro. Mi desinterés por el Camino es inversamente proporcional a la popularidad de este en todo el planeta.

En efecto, las legumbres ya están en remojo en la encimera de la cocina. En la casa abunda la alubia en agua, como si estuviese en un spa de hidratación que, paradójicamente, no funciona como antiarrugas sino todo lo contrario. Esta vez no me pierdo la sopa: mañana estaré puntualmente en el comedor a la hora tempranera del almuerzo para probarla y, si se tercia, repetir.

❧ ❧ ❧

He salido a dar mi paseo matutino diario para obtener un poco de luz, que por la mañana es bastante intensa. Mis prejuicios me hacían pensar que diciembre en Ventspils iba a ser como estar dentro de la última película de Batman, en un estado permanente de semipenumbra, pero no lo estoy viviendo así: estos paisajes son parecidos a los de la pintura flamenca. A veces el sol hace las funciones de un foco potente de los que se emplean en los rodajes cinematográficos y lo ilumina todo de una manera insólitamente fuerte, pero no difuminada, como en los cielos mediterráneos que estoy acostumbrada a ver. A pesar de ello, mi avidez por entrar en todo establecimiento que me salga al paso –una buena forma de amortizar esta ciudad de bajo perfil– me ha llevado a entrar en una cafetería llamada Kafetērija a secas. No sé si la han dejado así por falta de imaginación, aun cuando tendrían la opción de emplear la primera sílaba del nombre y la del apellido de los dueños, costumbre muy arraigada en España, o quizá no nombrándola se dignifica de algún modo, como queriendo decir que esta es la genuina Kafetērija, no una cualquiera llamada *tal* o *cual cosa*, sino la Kafetērija por excelencia.

El local es más bien una pastelería donde ves cómo hacen los productos (cruasanes, bollitos de canela, ese pastel navideño alemán llamado *christstollen*…) y donde sirven cafés y tés en un par de mesitas. Es pequeña y humilde, pero el café y el cruasán son muy ricos. Ahora caigo en que desde aquí surten a otros cafés de bollitos diversos, porque en otro local cerca de casa los dulces tenían exactamente la misma pinta. Así que se los comprarán a la Kafetērija y los venderán algo más caros allí, como sucede en muchas tiendas de alimentación regentadas por inmigrantes en España, que compran productos del Lidl para sacarse unos céntimos en su reventa. Poco beneficio se llevan, pero eurito a eurito se amasan las grandes fortunas. Tengo esa máxima grabada en el cerebro con tal precisión que cada vez que veo un céntimo en el suelo lo recojo.

Al entrar a casa por el comedor, porque la puerta principal está clausurada para evitar que el montón de nieve congelada que reposa en el tejado se precipite sobre nosotros, he visto la mesa preparada con platos y cubiertos. Es que hoy es el día de la afamada sopa letona casera (redoble de tambor al escribir esto). Desde las nueve de la mañana estaba al fuego la cacerola grande en la que hervían una cebolla entera, alubias, patatas en dados, zanahorias, perejil y la carne, que luego supe que eran costillas de cerdo ahumadas. Los letones gustan de los procesos lentos y de todo lo que huela a tradición.

A la una y media bajaron Ieva, Andra (la artífice de la sopa), la trabajadora gordinflona de pelo largo que hoy cavó un sendero en la nieve con la pala para que pudiéramos salir a la calle, y los escritores Dana, Aldis, Oleg y yo. Valeria estaba en Kuldīga entrevistando a obispos y monjas católicos para un reportaje y, además, es vegetariana y no quería exponerse a una sopa animal. Andriy supongo que no bajó para no coincidir con Oleg, y quizá Zlata tampoco se sumó porque está traduciendo a toda máquina obras de teatro polacas, que es su especialidad.

Yo aporté unas galletas de la Kafetērija. Elegí unos cuernitos de queso algo decepcionantes: no tenían una presencia quesera tangible dentro, si acaso un leve sabor salado, pero siempre que leo la palabra *queso* en una receta dulce pierdo la voluntad y no puedo evitar asomarme a probarla. También compré otras galletas cuadradas, de canela. Pero de canela en serio, bien oscura, no paliducha como la que espolvoreaban sobre las natillas en el comedor de mi colegio. Y, para que hubiese variedad, pedí también, señalándolas con mi práctico dedo índice, unas

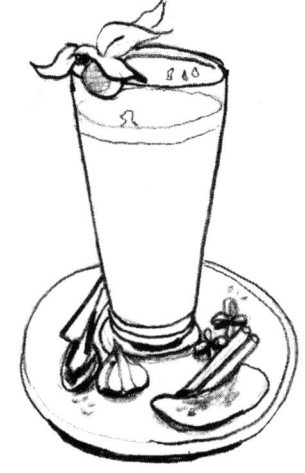

estrellitas con mermelada en medio –es decir, un sándwich de estrellitas– cubiertas con azúcar glas, que no hay nada más navideño y europeo que el azúcar glas.

La operación sopa fue exitosa. Cada vez que me llevaba la cuchara a la boca pensaba que esa misma receta podría haberse elaborado en Lugo, en Zamora o en alguna otra provincia española de clima frío, por el tipo de productos y de preparación que conllevaba. La variante letona era simplemente hervida, no llevaba sofrito antes, me aclaró Andra. Era una sopa propia de la cristiandad, donde el cerdo es protagonista.

En el interior de la sopa, Letonia y El Bierzo eran naciones hermanas. La comida letona ayuda a que los cuerpos entren en calor; solo hay que recordar de dónde viene la palabra *caloría* para entender el porqué de las recetas nutritivas y potentes de este país.

Los que pensaban que el arenque ahumado y el alforfón eran el *leitmotiv* de la comida en Letonia se llevarían una grata sorpresa si probaran unas cucharaditas de la sopa que me acabo de zampar. Porque ahí fuera está todo nevado y veo letreros en una lengua muy poco latina, si no, diría que estoy en Ponferrada.

Por más que aquí sean luteranos, a mí las costillas de cerdo no me llevaron mentalmente a la tierra de Martín Lutero sino al botillo leonés, ese extrañísimo cajón de sastre cárnico que lleva restos de costilla y de rabo porcinos, posteriormente embutidos, adobados y ahumados. Se acompañan con la humilde patata, el también humilde repollo y algún chorizo que otro. El repollo es también un ingrediente ubicuo en la cocina letona: su sabor inconfundible se encuentra en numerosas recetas. Otro punto de encuentro entre Castilla y León y este país pequeñito de menos de dos millones de habitantes. Y ahí que no me engañen: eso lo tienen en común en todo el este de Europa, bajando también hacia Serbia, República Checa y otros países eslavos.

Por eso, además de los hermanamientos de ciudades europeas que no se sabe muy bien a qué responden –Elche lo está con Toulouse y Guadalajara con Parma–, una forma coherente de hermanar provincias, comarcas y pueblos sería a través de las recetas que comparten. Esta sopa lo demuestra y, si se me hiciera caso, algo que no sucede casi nunca, el mundo sería un lugar más vivible gracias a esa especie de UNESCO estomacal sin fronteras que no haría sino unirnos.

❧ ❧ ❧

Fue en Bogotá donde comí por primera vez uchuvas o physalis, esas frutas en miniatura que parecen mandarinas diminutas o tomatitos cherri anaranjados y que vienen protegidas por sus propias hojas, tan parecidas al papel de seda. Allí las vendían en el mercado con la naturalidad con la que en España se venden manzanas golden o naranjas de zumo. Buscando información sobre ellas, veo que en realidad son originarias de Perú. De donde seguro no vienen es de Letonia, a pesar de que las veo hasta en el Rimi Express. Las comercializan en una cajita de plástico rectangular que podría servir como bandeja para bolígrafos; de hecho, estoy usándola ahora con ese fin tras comerme los frutos. En la tapa de plástico, una solapa de acetato de las que se usan como portada al encuadernar apuntes en las copisterías, se detalla su origen, Colombia, y la empresa exportadora: Frutas comerciales S. A., Calle 24F #101-31 de Bogotá.

Por razones que todos conocemos, no me parece beneficioso para esta esfera en la que vivimos que traigan esos bichines desde tan lejos, pero es que en estas fechas invernales parecen un bien de primera necesidad, pues las usan como adorno en la bebida favorita de estos días, la de espino amarillo y zumo de naranja caliente.

No me parecerá bien que la exporten hasta aquí, pero ya llevo compradas dos bandejas. Tal como se indica en la caja, son un aperitivo muy sabroso (*A tasty snack!*) y, desde luego, sano, que es lo que más parece preocuparnos a los humanos desde hace unos años, por eso sustituimos las patatas fritas por uchuvas y otras frutas diminutas de este estilo. La naturaleza las hizo monísimas y los humanos las honramos como mejor sabemos: devorándolas.

❧ ❧ ❧

¿Qué podía salir mal hoy? No nieva, no llueve y el sol lucha por asomarse tras las nubes. La temperatura es, según dice el teléfono, de un grado bajo cero, tirando a alta si la comparamos con la de los días anteriores. Así que decido acercarme de una vez por todas al mar. Pero, ay, me confío y creo que con unas medias gordas y mi vestido de lana, que es como un jersey largo hasta las rodillas, va a ser suficiente. Me equivoco: me habría hecho falta un pantalón o algo térmico bajo o sobre las medias gordas, que no dejan de ser de algodón o de mezclilla.

No llego hasta el mar, pero sí aprovecho para conocer nuevas calles con casas fotogénicas de madera. Hoy me da igual perder la mano izquierda, así que me quito el guante para sacar varias fotos.

Lo más prudente sería volverme a casa, para evitar enfriarme y pasar los días que me quedan entre toses y esputos, pero antes de emprender el camino de vuelta me topo con un local que me llama en una de estas calles: es el Café Ērmanītis, cuyo nombre de inflamación fraternal me generaba curiosidad desde que lo vi escrito sobre el mapa de Google. Entro en él con la excusa de llevar a cabo mis trabajos de campo gastronómico-antropológicos, el mejor pretexto para no hacer más que comer y beber sintiéndome una Lévi-Strauss de nuestro siglo.

Ieva me contó que era como una cantina universitaria, porque cerca hay una escuela politécnica. En efecto, ya a las doce menos cuarto había jóvenes y también operarios bandeja en mano haciendo cola para pedir comida. Primero, como de costumbre, la sección de postres gelatinosos y cremosos en copas de cristal. Todo muy de este lado del antiguo telón de acero.

Yo iba en ayunas –una mandarina no cuenta como comida–, así que no me veía para pollo con puré de patatas, que era lo más solicitado. Pedí mi consabida minisopa y un vaso de kéfir. La sopa volvía a ser la que probé en el Pankūkas un Pelmeņi: patatas, salchichas en tiritas y base de tomate con unos sorprendentes pepinillos en vinagre, idiosincráticos de esta zona del mundo. En lo que llevo de mes he aprendido que se llama *solyanka* y la comen en toda la órbita postsoviética. Su nombre procede de la palabra *sal* en ruso, y no ha de extrañarnos porque el encurtido que lleva provoca una sed endiablada.

Al igual que los niños mexicanos comen desde muy pequeños chucherías aderezadas con picante, intuyo que las criaturas de Letonia aprenden ya en la infancia a valorar el vinagre y la salmuera, tan presentes en muchos de sus alimentos. Porque tengo un estómago que viene blindado por dentro, si no, la mezcla de los pepinillos con el tomate y el kéfir centrifugando en mi interior podría haberme ocasionado problemas. Quizá no los causó porque me bebí la leche kefirizada después de la sopa. «Después de la leche, nada eches», dice el refrán. Y otro refrán más tosco, pero diáfano en su claridad, hace ver esto: «Fruta y leche, que aproveche; leche y fruta, cagarruta». Pues eso, elegí la primera versión del refrán y salí ilesa.

Acto seguido entré a una segunda cafetería con la única intención de tomarme el café matutino del día. Había visto que a tres minutos estaba el Café Betãnija. Como tantos cafés y restaurantes de aquí, tiene una puerta de entrada de madera que no te permite ver el interior. Al franquearla accedes a un recibidor, un cubículo neutro donde hay otra o incluso varias puertas, y, al abrir la correcta, ya sí accedes al local y ves lo que te depara. Supongo que este sinfín de puertas y vestíbulos logra paliar el frío en alguna medida.

El Betãnija era un local acogedor, una mezcla entre salón de té y restaurantito regentado por una señora de más de sesenta. Había gente comiendo guisos con patatas hervidas, pero yo solo quería conocer el sitio, ver qué se cocía allí dentro y sentarme a leer un rato con un té. Aunque si tienen pankūkas a tres euros cincuenta, cómo no pedir uno. Estaba escrito a mano el menú, cosa que incomoda al traductor de Google, que no se aclara con la letra manuscrita, pero gracias a mi propia y escasa sabiduría adquirida en estas semanas aquí y a su ayuda, leí que había unos pankūkas rellenos de queso, otros rellenos de algo que descubrí que era requesón y otros con mermelada por dentro. Los de requesón me gritaron: «¡Pídenos!», y eso hice.

Me senté en la segunda salita, que encarnaba la idea de lo navideño, con chimenea, adornos color rojo y un hilo musical de villancicos arreglados para piano. Llegó mi café con espumita y llegaron mis panqueques: eran dos y venían acompañados de una bocha de crema agria. El gran error eran las virutas de chocolate espolvoreadas a lo largo y ancho del plato. Solo servían para arruinar la experiencia de un alimento que, en su origen, no acaba de ser ni salado ni dulce, y ahí precisamente radica su encanto, en esa indecisión. La virutilla medio derretida, en cambio, impone su ley: «¡Este plato es dulce porque lo digo yo!». Pues nada, virutilla, lo que usted mande. Por más que hice esfuerzos en apartarlas, algunas ya se habían derretido y habían penetrado en la crema agria y en los panqueques como si estuvieran en misión de servicio.

Al volver a casa la ropa me olía a fritanga. ¿Era un recuerdo del Ērmanītis o del Betānija? Probablemente de la mala ventilación de ambos.

❧ ❧ ❧

Hoy se fue Dana y mañana se va Andriy, pero los reemplazan unas letonas llamadas Lena y Daira que pasarán la Navidad en Ventspils. Muchos de los escritores letones que se dejan caer por aquí son celebridades en su país: es tradición que residan en esta casa unas semanas y que regresen siempre que lo necesiten. Es decir, estoy compartiendo cocina con los Javieres Marías y Almudenas Grandes de Letonia y puedo acceder a sus estantes de la nevera y comer sus comistrajos, algo que no siempre quiero. Faltan textos sobre las neveras y armaritos de cocina de los escritores; si faltan es quizá porque nadie los reclama, pues estas vidas poco épicas que llevamos no difieren apenas de las de quienes estudian oposiciones a notarías. De hecho, la libido no está presente en esta casa: cada uno está concentrado en lo suyo, sublimando el deseo a través de la escritura.

❧ ❧ ❧

Al trenecito aún no me he subido. Lo veo sorprendentemente cargado en su recorrido por la calle Preciados, hoy también bastante transitada. La Navidad está a la vuelta de la esquina y es probable que eso incite a las familias a cumplir con los rituales típicos de estas fechas. Yo muero por montarme en el tren, atraída por la melancolía que se respira en sus vagoncitos, pero no he conseguido averiguar dónde está la parada, por más que busco en Google acudiendo a palabras clave como *tren* y *Navidad* escritas en letón. Le pregunté a Ieva y ella tampoco lo sabía. No le insistiré: me da apuro hacerle perder tiempo gestionando el capricho extrañamente infantil de esta escritora española de cincuenta años.

Por suerte, otra actividad navideña tiene lugar muy cerca de casa, en la biblioteca pública, y a ella acudo hoy a las cinco de la tarde. La velada incluye la participación de un coro de niñas y niños, de unas adolescentes que cantan canciones ligeras acompañándose al piano y de una presentadora y dinamizadora que reparte caramelos cada cierto tiempo. Para obtener el caramelo hay que acertar una adivinanza, lo que nos recuerda que, ya desde tiempos bíblicos, todo lo que queremos se ha de obtener a través de una pequeña competición o de un intercambio.

Me gusta escuchar a la presentadora hablando en letón y dejarme arrullar por el idioma, sin entender nada, o buscando palabras que vengan del latín, el griego o el alemán. *Grāmata* significa 'libro'. No sé cuándo decidieron incorporarlo a la lengua, pero a mí no me engañan: así espontáneamente no surgió de esas tierras.

Como todo es altamente benéfico en esta velada, la gente de Ventspils ha montado unos puestecillos y en ellos venden las cosas más letonas posibles: miel, mermelada, calcetines de lana gruesa para andar por casa, velas y soportes para colocarlas, cremas y jabones naturales y algo de comer. Los niños también venden objetos de barro fabricados por ellos a mano; me recuerdan a los que yo misma hacía de pequeña, en ese estilo internacional característico de los objetos artesanales infantiles.

Me resulta casi obligatorio probar algo hecho por los habitantes de esta ciudad, así que, entre unos ladrillos de una masa tosca de aspecto similar a la quesada pasiega, unos pasteles de crema, de los que emplearían como atrezo en una película en la que acabasen a tartazos, y unos bollitos tipo napolitanas de chocolate mínimas, me quedo con estos últimos. Le pido cuatro a la señora, que me cobra un euro. Pruebo uno y resulta que es salado. Se parece a esos hojaldres rellenos de jamón o de chorizo, que también se encuentran en España en cócteles y fiestas, o quizá ya formen parte de la comida de la Transición, no de este siglo, porque hace mucho que no me topo con uno. Estos de aquí tienen dentro algo parecido al beicon y son muy sabrosos. La masa de aquí no es de hojaldre: se parece más a la del cruasán y además sabe a mantequilla. Siento que podrían formar parte de la merienda de una fiesta de cumpleaños de los años ochenta, junto a las medianoches rellenas de jamón de york y los ganchitos de queso color butano.

Ahora me doy cuenta de que he visto esos mismos bollitos salados en otros lugares, por ejemplo, en la Kafetērija, donde los tenían de dos tipos: rellenos de jamón y, según indicaba el traductor, rellenos de repollo.

❧ ❧ ❧

Esta mañana hacía una temperatura bastante aceptable, así que decidí salir a toda costa. Trabajo mejor por las tardes, que aquí se estiran mágicamente y cunden como varios días seguidos en España.

Mis ideas sobre lo que se considera buen tiempo han cambiado desde que llegué a Ventspils. Me refiero a que hoy no nevaba, estábamos a dos grados sobre cero y el sol asomaba tras las nubes, así que pensé en caminar por la orilla del río, pero no contaba con el viento, que convierte cualquier caminata en una experiencia desapacible. Al no ser día de mercado, no me quedaban muchas más opciones paseables, así que la palabra *café* se iluminó ante mí como un neón fluorescente. Esperé hasta las once, que es cuando abre el Skroderkrogs, y allí me fui. Como tenían la cocina abierta, pensé que nadie me impediría comerme una sopa a esa hora, para continuar con mi estajanovismo sopero incesante. Había dejado el estómago semivacío esa mañana, así que encendí el Google Lens para ver qué sorpresas me deparaba el menú. Hoy había dos sopas nuevas entre los platos del día: una llevaba cordero, champiñones y alubias, aunque según moviese el teléfono, y por tanto la cámara, parecía llevar otros ingredientes, pues la traducción cambiaba. Como ya había probado una de champiñones y las alubias me daban un poco de respeto tan de mañana, pedí la otra, una crema de calabaza con avellanas tostadas y, según decía mi móvil, trozos de carne picada.

No era carne picada, era la panceta fresca de cerdo que llevan las sopas chinas. De hecho, había algunos trozos de piel sueltos (al hablar de cerdo, ¿se dice piel o torrezno? No sé si es ofensivo que a tu piel la llamen *torrezno*). Y las avellanas tostadas, pues eran pocas, pero muy ricas. Así que cuando me acabé la carne, de la que, como una niña pequeña, retiré la grasa, lo que quedaba de la receta era una tradicional crema de calabaza correcta, pero tampoco muy especial. Me dice Rafael que en su casa también están un poco cansados de la calabaza en todas sus variantes. Es lo que más han cosechado para este invierno y, además de cremas, con ella hacen mermelada y la escarchan con azúcar. Le pregunté qué otros productos cultivan y me dio una lista que podría figurar visualmente en un cuadro de Arcimboldo: rabanitos, lechugas, guisantes, espinacas, fresas, tomates, pimientos, cebollas, ciruelas, calabacines, apio, pepinos, ajos, peras, alubias, ajetes, frambuesas, habichuelas, puerros y, para aderezar, menta, albahaca, orégano, salvia y eneldo.

Mi cuerpo me dice que ha llegado el momento de dejar a un lado estas bebidas calientes que parecen haber sido preparadas por un druida, pero aún me he dado el gusto, ya lindante con una perversión, de pedirme hoy la última, de sauco, limón y menta. ¿Quién puede resistirse a una combinación así?

Al salir quise ir al baño para estar libre de líquidos y emprender el camino a casa sin imprevistos, pero algo ocurrió: al entrar olía mal, muy mal. Pensé que el visitante que me precedió habría hecho de las suyas, pero además de eso, al levantar la tapa comprobé que alguien con diarrea no había cumplido con su labor posterior de pasar la escobilla. Ahí me vi en un dilema: hacer pis y marcharme o salir de ahí inmediatamente para que nadie creyera que había sido yo la artífice.

Las doce del mediodía y el baño ya estaba así.

A las camareras, esas chicas delgaditas con faldas largas color granate y blusas blancas con bordados tradicionales, también les tocará tomar pronto una decisión: ¿limpiarán el baño durante el día o lo dejarán así hasta el final? ¿Alguien les avisará de que está sucio? ¿Y por qué tendrían que avisarlas a ellas, cuya misión es servir la comida? Por lo normal, ¿quién se encarga del mantenimiento del baño en el restaurante, las propias camareras o alguien contratado específicamente para ello? Esos detalles nunca nos los cuenta nadie, pero a mí me interesaría saberlos, sobre todo hoy, que ya a las doce de la mañana el baño está intransitable. ¿Ha sido un niño o un adulto? Probablemente alguien remilgado que lea esto pensará «qué infantil, cómo se regodea en algo tan natural del ser humano», pero tan natural no es la gestión de los desechos propios y ajenos, de ahí que no sea un tema fácil de mencionar.

De hecho, la situación me lleva a pensar de inmediato en *Borat*, el falso documental protagonizado por Sacha Baron

Cohen sobre un periodista kazajo extravagante llamado Borat Sagdiyev que, enviado por el Gobierno de su país, viaja a Estados Unidos para hacer un documental sobre la vida y cultura americanas. En él hay una escena estrambótica relacionada con el destino final de los alimentos: Borat, que chapurrea un inglés de lo más singular, va a cenar a una casa muy refinada tras acudir a un curso de etiqueta y protocolo. En la casa fina, Borat pide ir al baño, pero claro, no como esperaríamos. No pregunta «¿dónde está el baño, por favor?», sino que empieza a usar extrañas perífrasis en su mal inglés inventando conceptos como la *shit house*. Le indican dónde están los servicios, con esas sonrisas y esa condescendencia tan estadounidenses, y a la vuelta, Borat trae una bolsa con un *regalito*. Su zurullo está dentro: no sabía dónde dejarlo, porque la idea de una cisterna que al accionarla se lleva los desechos no le resulta familiar. Por lo visto, los asistentes a la cena creían que Borat era realmente un tipo kazajo intentando adquirir modales y conocimientos para convertirse en un hombre de pro, de ahí sus deseos de enseñarle las normas de etiqueta básicas.

Finalmente desisto de entrar en el baño y de avisar a las camareras. No quiero ser heraldo de malas noticias tan temprano.

La Navidad se va acercando. Como los ucranianos siguen el calendario ortodoxo, la noche del 18 de diciembre viene san Nicolás (*Sviatyij Mykolai)* a entregar regalos a los niños. Zlata me vino a decir eso en inglés: «Santa Claus from Ucrania today. Party for children. Later». La vi con lo que parecía ser una caja de bombones en las manos, así que entendí.

Al bajar a cocinarme mi mezcla de lentejas blandurrias, queso de cabra, revuelto de huevos con salmón, pepinillos y algún resto más que tenía en la nevera, me los encontré a todos, ya preparando la celebración. Zlata estaba abriendo una botella de vino. Poco después la vi meter en el microondas la taza gigante que hay en la cocina, la misma en la que bebería Obelix 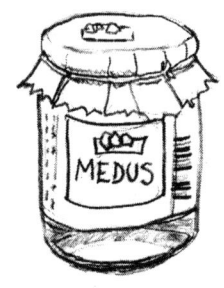 si tuviese una beca en Ventspils House. La metía, la sacaba y la volvía a meter, y yo no entendía si se estaba haciendo un té o qué otra cosa estaba ocurriendo dentro de ese microondas tan sucio y pringoso como el de un colegio mayor. Lo que sucedía es que Zlata estaba preparando un vino caliente con especias para todos, pero en lugar de hacerlo al fuego lo calentaba en el microondas.

Empezamos mal.

Yo ya estaba cenando en el comedor cuando Zlata y Andriy trajeron la taza grande con vino, otras tazas más pequeñas, frutos secos y los dulces, que no eran bombones como yo pensaba, sino unos *marshmallows* rellenos de licor Riga Black Balsam con chocolate por fuera llamados Maigums. No esperaba yo probar durante el viaje el famoso licor de grosella con 45 grados de graduación alcohólica. La Marca Riga Balsam está registrada y es un reclamo turístico del país: se elabora desde el siglo XVIII, siempre con su tradicional sabor a jarabe para la tos. Por su envoltorio suntuoso y navideño, los Maigums podrían parecer roscos de vino o marquesitas, pero son dulces de otra cultura: el malvavisco siempre fue algo foráneo.

Hay tensión en el ambiente: Andriy dice que esa fiesta la impusieron los soviéticos, que en realidad san Nicolás se celebra el día seis de diciembre. Y, además, como Andriy no quiere hablar ruso con Oleg y el inglés apenas puede servir como *lingua franca,* porque ni Zlata ni Oleg lo hablan fluidamente, los ucranianos acaban hablando entre ellos en su lengua, Valeria y yo observamos el panorama y Oleg, desde su rincón de la mesa, también mira. De vez en cuando Andriy nos traduce al inglés lo que dicen, siempre sin cruzar la mirada con Oleg.

Me siento en la obligación navideña de crear un poco de concordia, así que les hago reparar en el envoltorio del pastelito: tiene una foto del propio dulce con unas bayas de grosella dibujadas y me doy cuenta de que le han puesto al dulce una cara con una boca, un ojo y una nariz, pero apenas perceptibles, al estar en los mismos tonos de marrón de la cobertura de chocolate, como si fuese un mensaje en clave que solamente los entendidos pudieran detectar. Se lo señalo para que lo vean, pensando que esa absurdidad, junto al vino caliente que sube que no veas, serviría para distender las cosas, pero no me entienden o, lo que es más triste, probablemente sí me entienden, pero no les hace gracia ni les llama la atención mi comentario. Solo Valeria dice: «Yes, I can see the face!». El fracaso de un chiste es uno de los más lacerantes que se me ocurren.

El segundo intento sale mejor: les pido que canten un villancico, la canción navideña que, de niños, habrían cantado ese día. Les da vergüenza, sobre todo a la circunspecta Zlata, pero al final se animan y se ponen a cantar algo cuya letra dice «Nicolai». Es una melodía que responde al tópico de la tristeza eslava: melancólica, en modo menor, en la línea de la rusísima *Ojos negros.* El plan resulta exitoso, pues cantar y comer siempre une a los pueblos, así que añaden al repertorio otra canción cuya melodía se parece muchísimo a la de *Veinticinco de diciembre, fun, fun, fun.* Se lo hago ver y me pongo a cantarla, con una entonación bastante digna que a mí misma me asombra. Acto seguido, Valeria canta uno en italiano que suena sorprendentemente soso y afligido, y entonces me doy cuenta de que muchos villancicos españoles tienen que ver con el jolgorio y, lo más importante, con la comida. Así que les cuento que tenemos un villancico acerca del chocolate que una burra lleva como ofrenda al portal de Belén y sobre el riesgo de que alguien robe ese *chocolatillo* y eso sí les hace cierta gracia. Lo canto entero, confiando en que al menos entiendan la palabra *chocolate* en la letra, y me entra una punzada de vergüenza al llegar a la parte del «yo me remendaba, yo me remendé, yo me eché un remiendo yo me lo quité», que no aporta nada a la acción: es un mero espumillón lingüístico. ¿Cómo explicárselo? En realidad, nadie me ha solicitado que explique nada: la clave era únicamente aflojar la tensión, cosa que se logró al comentar lo del robo del chocolate.

Andriy cuenta que los niños piden aguinaldo ese día, con canciones, y yo hago ver que en España robamos chocolate. Un poco perpetuando los chistes de «un inglés, un francés y un español», en los que al final siempre se deja ver la picaresca y la propensión al hurto atribuidas a los españoles.

Con el estómago encogido por la tensión, me como un segundo Maigums ya sin ganas ni curiosidad por su sabor –con esa actitud me huelo que engordan aún más–, y a las nueve me excuso y me marcho de la fiestecilla.

❧ ❧ ❧

¡Solsticio de invierno! Se nos invita a todos los vecinos de la ciudad a acudir a las ocho de la tarde a la plaza del mercado para celebrarlo. Se anunciaba como un festejo con hogueras, danzas, comida y bebida, pero llegas ahí y la cosa es muy reducida: solo hay diez o doce valientes que se atreven a salir a esa hora. El acto me decepciona, entre otras cosas porque no está a rebosar, lo que muestra que sigo siendo gregaria, un rasgo muy de la especie humana del sur de sitios. El gran enigma es por qué la gente ha decidido no ir, por qué esa unanimidad en ausentarse, pero en el tiempo que llevo aquí ya debería entender que la poca presencia de gente en un lugar no se percibe con la misma zozobra que en España.

Yo duré quince minutos. Lo que vi y escuché me resultó bastante *celta*, aunque este adjetivo sea desatinado para calificar una manifestación cultural letona. Tampoco sé qué buscaba ni qué esperaba de la celebración: ¿números circenses? ¿Cantos élficos? No se produjeron.

Volví a cenar a casa, donde me esperaba una crema de verduras *horror vacui*. Es una receta que consiste en juntar todas las verduras que están a punto de perecer, como en un arca de Noé vegetariana, y hacerlas puré. Aun así, la característica de la crema *horror vacui* es que siempre te da la sensación de que le falta sabor, por más que le sigas incorporando nuevos ingredientes y especias que, a tu juicio, le puedan ir bien. El resultado se parece a esas mezclas de colores que hacen los niños con témpera en las clases de preescolar: de tanto añadir pintura, acaban obteniendo un color pardusco parecido al de la caca de las palomas.

❧ ❧ ❧

En esta tercera y última visita al mercado voy con la idea de comprar algún recuerdo de Letonia, ya sea para regalar o para mí misma. En el exterior del edificio hay una tienda donde venden batas de felpa estampadas con unos colores que ningún artista osaría nunca combinar y una cremallera de arriba abajo. Han llegado a parecerme una opción posible, una prenda cómoda para mi día a día en casa, que es donde transcurre mi vida laboral, y lo achaco a que, desde la caída del Muro de Berlín, el feísmo procedente de los países del otro lado del telón de acero se volvió a nuestros ojos un fenómeno kitsch y hasta divertido.

Al final me dejé de atuendos irónicos y compré un par de cucharas mieleras de madera, de las que hay que girar para que la miel se enrolle a su alrededor, cosa que nunca encontré práctica, pero si una mente humana la diseñó para tal fin, he de confiar en que son una herramienta útil. Me he atrevido también con el espino amarillo en polvo. Le he comprado una bolsita a una señora que hacía piruletas de frutas y vendía zumos y cosas de aspecto saludable. Entiendo que me estoy llevando algo natural, no unos polvos picapica saborizados.

Aun así, cualquier cosa que encuentre en el mercado no le llega a la suela de los zapatos a la imbatible autenticidad de los dos tarros de mermelada casera que me ha regalado Rafael. La de *zemenes* ('fresas') ya me la he ido comiendo en estas semanas. La de *upenes* ('grosellas') viajará en mi maleta.

Me marcho de aquí pasado mañana, el 24 de diciembre y vuelo el día de Navidad. El precio imbatible del billete de avión me ayudó a decidir no pasar aquí las fiestas. En las horas que me quedan en Ventspils descarto seguir probando nuevos platos. Además, he de gastar los restos que tengo en la nevera: algo de queso, remolacha, una lata de atún… Las sopas son variaciones y permutaciones de los mismos elementos, y ya echo de menos las acelgas y las alcachofas hervidas que me hago en casa y que por aquí no encuentro; hasta me comería un polvorón si me lo pusieran a tiro, pero ayer Rafael me confirmó que aquellos pīrāgi de repollo que vi en la Kafetērija, los kāpostu pīrāgi, son una receta típica, así que pensé que no me podía ir sin probarlos, dada mi avidez de tipismo. Hoy pasé por allí y pedí uno solo y alguna cosa más, por la vergüenza de no llevarme solamente un bollito minúsculo. Lo otro que pedí era un bollo más grande que llevaba biezpiens, el requesón de aquí. He aprendido lo del biezpiens por fin y ahora lo busco en los supermercados con la seguridad que otorga conocer el léxico. Suelo comprar el que lleva solamente 0,5 % de materia grasa, es decir, el que menos sabor tiene.

La fiesta mayor gastronómica en la casa son los speķa pīrāgi, esos saladitos o más bien bollitos dulce-salados rellenos de panceta que ya probé en la fiesta benéfica de la biblioteca pública. Me parece que en Letonia cualquier ocasión es buena para hincharse a pīrāgi: cuando tienes ganas de un tentempié, brotan de cualquier esquina. Pueden tener forma de medialuna, pero también de espiral, como las medianoches clásicas de las fiestas infantiles de mi generación. Si cierro los ojos mientras mastico los pīrāgi estoy en el cumpleaños de mi amiga Ruth en 1981 y llevo puesto un vestido de mangas de farol, lo cual me hace pensar que ciertas variantes del presente también están hermanadas con el pasado y, misteriosamente, toman forma de panecillo. Una más de las excelentes excusas para comer pīrāgi es la cercanía de la Navidad, por eso en la casa van a hacer una tanda de ellos. Ya veo los paquetes de panceta y la masa cruda cubierta con un trapo preparada para la operación. Ieva me dijo que empezarían hoy sobre las once de la mañana a hacer los pīrāgi, por si quería sumarme al proceso. Lo ideal, como persona aficionada al comer y ávida de aprender tradiciones gastronómicas de otras culturas, sería quedarme a aprender cómo los hacen y ayudarlas, como una niña metida en la cocina con su abuela, pero hoy, que no nieva ni hace ventisca, es mi última oportunidad de acercarme de una vez por todas al mar Báltico y la voy a aprovechar. Es un mar legendario, muy valorado geopolíticamente porque no se suele congelar ni siquiera en invierno. De este puerto salían ferris que iban directos a San Petersburgo, pero hace tiempo que suprimieron esa línea.

Ieva me advirtió que no hay nada en la última parte del camino para guarecerse del frío, es decir, no hay cafés o sitios abiertos al público. Solamente al final, ya casi junto al mar, se encuentra Liedags, el comedor de una vieja conservera de pescado. Dice Ieva que entrar allí es como viajar en el tiempo, imagino que hacia atrás.

En efecto, son las once y no he vuelto a casa para amasar pīrāgi, pero tengo la mejor excusa, y no ha sido la de asomarme a las olas del Báltico: gracias a los horarios que aquí se manejan, el comedor de Liedags ya está abierto para el desayuno, la comida, la cena o lo que guste a cada uno según su cultura horaria, así que no he podido evitar acercarme. He llegado a los años sesenta tras media hora de caminata. Cuando pensaba que ya nada podía sorprenderme, dada la saturación de imágenes y relatos que recibimos a diario por tantas vías, abrir la puerta y ver el comedor de Liedags me ha emocionado, justamente por la gran cantidad de imágenes y relatos que ese gran salón desangelado ha sido capaz de congregar en mi cabeza. La gente erudita en cultura popular estadounidense diría que es un lugar salido de *Twin Peaks*. Para mí, que apenas sé quién es Laura Palmer, el lugar rezuma vapores soviéticos, también por un fuerte deseo de que todo aquí me parezca muy soviético, como si yo misma convocase lo soviético y le pidiera una resurrección momentánea que me haga viajar en el tiempo sin las molestias que ello acarrea.

En el enorme vestíbulo, característico de todo local letón, hay un guardarropas en desuso y un piano vertical. Esto me indica que el sitio ha conocido momentos de gloria: lo quiero imaginar atiborrado de gente colgando sus abrigos antes de acceder al baile anual de la conservera.

Entrar al comedor de Liedags es una experiencia por la que entendería que se cobrase un precio de entrada equivalente al de un Museo Arqueológico Nacional. Las voces de quienes se reunieron tantas veces a comer, quizá juntando las mesas, y el ajetreo de trabajadores eligiendo comida con su bandeja en mano, o dejándola ya vacía en la cinta transportadora que reconduce los desechos a la trastienda de la cocina, siguen allí flotando. Cuanta menos gente hay –en esta ocasión solo me topé con dos hombres que comían sopa sentados cara a cara en una mesa–, más se oye y se percibe ese pasado de risas, de trabajo duro y de camaradería.

En una esquina hay otro piano, esta vez de media cola, que en sus tiempos debió de amenizar las veladas que se celebraban en este comedor multiusos, de cuyas paredes cuelgan espumillón y bolas navideñas. Una hilera de lucecitas que cambian de color proporciona a la rosa de tela que adorna mi mesa unos tonos irreales. Ningún iluminador de cine lograría emular cromáticamente lo que ocurre aquí dentro. El Liedags irradia su propia e inimitable luz.

Quiero buscar si alguien ha escrito en los últimos años acerca de este sitio inquietante. Me encantaría leer una crónica sobre lo que se vivió en este comedor de fábrica, pero lo único que encuentro está escrito en idiomas ignotos y no son más que breves reseñas sobre la comida y el ambiente actual del Liedags. Pruebo a traducir una frase del lituano que dice: «Pigus valgis. Porcijos normalios». Sí, las porciones son *normalios* y el precio es bueno: es probablemente el precio más bueno de la Unión Europea en este mes de diciembre de 2023. Un vaso de kéfir que me deja bigote blanco al bebérmelo cuesta setenta céntimos de euro.

En un periódico local alguien escribe una breve reseña donde aclara que aquí no solo vienen trabajadores a comer, sino también gente acomodada. Y españolas con vicio por lo auténtico, le faltó mencionar. El fotógrafo Juris Gigulis comenta que la singular cantina debería publicitarse más activamente, «atrayendo también a turistas extranjeros».

Antes de emprender el camino de vuelta, dejo Liedags a mi espalda y por fin me acerco al Báltico. La playa es de arena fina y, obviamente, está vacía. Ahí lo tengo, ante mí. No me impone: me parece un pariente que ya me tocaba visitar, un primo del mar Mediterráneo un poco más adusto de carácter, particularmente ahora en invierno. Permanezco ahí de pie unos minutos en actitud de veneración y enseguida desando el camino. Las ruinas posindustriales de la conservera reaparecen al fondo: las imagino en un lienzo de gran formato pintadas por un artista figurativo de hoy. Da un poco de vértigo asomarse al pasado reciente de Europa y en Liedags nos sumergimos en él de cuerpo entero.

❧ ❧ ❧

Cenamos juntas Valeria y yo en el Skroderkrogs como despedida. Pedimos, a instancias mías, una copa de vino georgiano, de nuevo por seguir orbitando alrededor de las antiguas repúblicas de la Unión Soviética. Sabe muy dulzón, casi parece vino de postre. Es la única copa de vino que me he bebido en todo el mes, ahora reparo en ello.

Al volver a casa nos encontramos con una pequeña cuchipanda en el comedor. Allí están Zlata, Oleg, Andriy y Aldis reunidos en torno a un tazón de vino caliente y a otro paquete de pastelitos rellenos de Riga Balsam. Es el capítulo segundo de la fiesta de san Nicolás que ya vivimos. Me consuela ver que Andriy se ha unido a los demás y acepta la presencia de Oleg, que esta vez no está arrinconado. Todos se comunican entre ellos en una lengua que, interpreto, debe de ser el ruso. La Europa del noreste saluda a la Europa del sur que acaba de entrar. De hecho, nos animan a unirnos a la celebración, pero eso desplazaría el eje al inglés, cosa bastante incómoda para ellos, así que yo al menos declino la invitación. Ellos también declinan, pero en acusativo, dativo y genitivo, y la pertenencia a una cultura común se deja sentir en el aire caldeado por el pequeño radiador colgado en lo alto, a falta de chimenea encendida. Yo en Letonia pondría como asignatura escolar el encendido de fuego.

Autoexcluida de la reunión por razones que ni yo misma entiendo, a lo mejor por no tener mares comunes con ellos –ni el Caspio ni el Negro ni el Báltico me resultan familiares–, atravieso la cocina y veo que los *pīrāgi* siguen ahí, en una bandeja y bajo un paño. Bueno, una quinta parte de los que había. Quién va a resistirse a la tentación de comerse uno, probablemente mi último pīrāgi –así se escribe en singular– de este viaje y, quién sabe si de toda mi vida. Nada más pegarle el primer bocado vuelvo a mi fiesta infantil *circa* 1981. Comer es una actividad proustiana, valga el lugar común, y estos bollitos representan muy bien la idiosincrasia de este país. Con su sabor salado pero discreto, parecen decir: «No queremos líos, solo una vida tranquila y agradable».

De nuevo en Riga antes de tomar el vuelo a España. Aquí estoy, con varias horas por delante para dar mi último paseo, pero no necesito mencionar que el frío lo impide. Asumo con cierta pena que me pierdo la visita a Kalnciema, el barrio tan afamado de las casas con listones de madera, en la otra orilla del río Daugava, mirándolo desde mi hotel. Para llegar hay que pasar por delante de la Biblioteca Nacional

de Letonia, de la que he visto una foto y a la que iría solo para venerar los lomos y cubiertas de esos libros ilegibles por mí, los publicados en Letonia desde que el país tiene uso de razón. Leo que el enorme edificio piramidal se basa en dos motivos literarios letones: uno es la montaña de cristal, del poeta Rainis, y otro el castillo de la luz, de otro poeta letón, Auseklis. Mi idea de las nuevas repúblicas bálticas se resume en esta biblioteca, en cuyas salas de lectura, además, imagino un silencio muy de estas latitudes. Un silencio al que le iría muy bien alguna pieza del compositor letón Peteris Vasks, del que me habló Rafael, mi mediador intercultural de cabecera. Vasks tuvo como mentores a Lutoslawski y Penderecki, dos compositores cuyas obras se asocian de inmediato con lo espiritual, así que los tiros andan por una música de carácter místico. Lo confirmé al escuchar varias de sus piezas, que formarían parte de mi banda sonora en mis visitas a la Biblioteca Nacional.

Pero basta de fantasear: al ser Nochebuena, la biblioteca está cerrada. Los museos tampoco abren, por lo tanto, cafés, restaurantes y mercados son las únicas opciones, y malas no son.

Así que rubrico el viaje en el Mercado Central de Riga. Ocupa cinco pabellones enormes que, según leo, eran hangares alemanes para zepelines; no obstante, su verdadero gancho se encuentra en los puestos del exterior. Las batas de felpa con cremallera de arriba abajo también se ven por aquí, y montones de pequeñas tiendas de cazos, teteras y ollas de metal esmaltado de color marfil con dibujos de flores. Son para guisos, pero también para infusiones, que este pueblo confía ciegamente en las hierbas medicinales. Yo me llevaría una batería entera de cacharros en la maleta y les daría usos similares, porque al final no somos tan distintos a estos primos lejanos de Letonia.

Con las ollas floreadas de esmalte, las batas de estampados parecidos a las moquetas de los suelos ingleses, los gorros de piel de conejo y los calcetines de lana gruesa que venden por aquí, me fabricaría un disfraz de señora de la URSS. En él no se dejarían ver las penurias que prácticamente todas ellas han pasado, siempre aderezadas con un frío extremo. Mi pertenencia a la generación X se hace patente en este deseo mío de disfrazarme sin riesgos: hemos vivido el culmen de la posmodernidad, la ironía perpetua, el batiburrillo de estilos. Un *collage* de vidas queríamos llevar, solo con lo bueno de cada una, faltaría más. En cualquier caso, y por más que me disfrace, mi temor como europea del sur nunca será al frío extremo sino a la canícula y a la desertización.

En uno de los puestos venden unas granadas descomunales. Son de Azerbaiyán, según las promociona el dueño en un cartel. Me dan ganas de escribir que sus semillas son como rubíes, de lo mucho que brillan. En otro de los puestos me compro un cascanueces artesanal por tres euros y unos calcetines gordos de lana por seis. Dentro del mercado, me detengo un momento a mirar una carnicería, un puesto de lácteos y un restaurantito de pelmeņi, que finalmente no llego a probar, a pesar de haber hablado tanto de ellos aquí.

También me acerco a la tienda española de comida y bebida que alguien me había mencionado. Hay cola y eso me hace sacar pecho: este instante de patriotismo culinario no me lo esperaba. Venden *spanijas preces*, es decir, alimentos españoles. De lo alto cuelgan jamones con pegatinas vistosas que dicen «gran reserva», y sobre el mostrador reposa una fila de enormes latas de aceitunas de la marca El cortijo. Aquí sí entiendo todos los rótulos, ya no necesito enfocarlos con el traductor del teléfono. Es una señal clara de que los días de sopas, alforfón y kéfir tocan a su fin.

OBRAS CONSULTADAS

Cīrule, Līga: *It's Time for Latvian* (Editorial Zvaigzne ABC).

Fisher, M. F. K.: *El arte de comer* (Debate, 2015).

Goldstein, Darra: *A Kingdom of Rye. A brief History of Russian Food* (University of California Press, 2022).

Isktena, Nora: *Leche materna* (Vaso Roto, 2021).

Mincyte, Diana y Plath, Ulrike: *Food Culture and Politics in the Baltic States* (Routledge, 2017).

Schlögel, Karl: *El siglo soviético. Arqueología de un mundo perdido* (Galaxia Gutenberg, 2021).

Zak, Zuza: *Amber & Rye. A Baltic Food Journey* (Interlink Books, 2021).

Película *Borat* (2006) de Larry Charles.

AGRADECIMIENTOS

Al personal de la casa de escritores y traductores «Ventspils House», sin cuya beca este libro no existiría.

A Rafael Martín Calvo, por la mediación cultural y los ratos de charla.

A Víctor Sierra Matute, que me dio el título.

Al personal de la Embajada de España en Letonia, que me invitó a un reconfortante café el día que llegué a Riga.

Este libro se terminó de imprimir, por encargo
de Col&Col Ediciones, el 14 de febrero de 2023.
Ese mismo día de 1931 acababa Vicente Aleixandre su libro
Espadas como labios, donde la experiencia poética decidirá
por él la enormidad de lo pequeño: «¿Te acuerdas? He vivido
dos siglos dos minutos (…) he visto la soledad de lo inmenso
mientras medía la capacidad de una gota».